Ouvrage publié avec le concours du Ministère français des Affaires Etrangères, celui du Centre national du Livre de la France et l'aide de l'Ambassade française en Chine qui méritent d'être vivement remerciés par éditeur et traductrice du présent ouvrage.

本书出版承蒙法国外交部、法国国家图书中心和法国驻华使馆赞助，特此致谢！

中国社会科学院创新工程学术出版资助项目

哲学的叩问译丛

一种新辞格理论

Pour une nouvelle théorie des figures

[法] 若埃尔·加尔德·塔米纳⊙著
张红婕⊙译

中国社会科学出版社

图登字：01－2013－3292

图书在版编目(CIP)数据

一种新辞格理论/(法)塔米讷著；张红婕译．—北京：中国社会科学出版社，2015.8

ISBN 978－7－5161－6203－3

Ⅰ.①一…　Ⅱ.①塔…②张…　Ⅲ.①辞格—研究　Ⅳ.①H05

中国版本图书馆CIP数据核字(2015)第117552号

出 版 人　赵剑英
责任编辑　郭晓鸿
特约编辑　王冬梅
责任校对　季　静
责任印制　戴　宽

出　　版　中国社会科学出版社
社　　址　北京鼓楼西大街甲158号
邮　　编　100720
网　　址　http://www.csspw.cn
发 行 部　010－84083685
门 市 部　010－84029450
经　　销　新华书店及其他书店

印　　刷　北京君升印刷有限公司
装　　订　廊坊市广阳区广增装订厂
版　　次　2015年8月第1版
印　　次　2015年8月第1次印刷

开　　本　710×1000　1/16
印　　张　10.75
插　　页　2
字　　数　203千字
定　　价　42.00元

凡购买中国社会科学出版社图书，如有质量问题请与本社联系调换
电话：010－84083683

目　录

序　言

弗朗索瓦兹·杜埃[①]在她的《修辞格：现状、重组、新用》一文中建议要摒弃历时的和方法论式的所有辞格分类，要在比句子或复合句更广的语境中分析辞格，在明确标准基础之上，构思一个全新的视角。在她看来，这将是一次普通修辞学范畴内对修辞格的重组，而不是仅仅局限于把修辞格缩减的雄辩术领域。基于此观点，并结合我之前的语法学和文体学观点，或简言之关于文本的观点，我致力于创作这本书。我将介绍辞格定义及分类原理，相比有争议的列表和分类，原理更为重要，因此本书将不会给出分类细则。本书会涉及部分传统修辞格，至少是雄辩家和语法学家常使用的修辞格，还会涉及其他要素，总而言之我们最终落脚在问题修辞学范畴内，对辞格领域本身进行思考。

在此我要感谢我 2009—2010 年学术研讨会课程的学生们，我的第一位读者弗朗索瓦兹·如耶—特海女士给我的建设性提议，以及米歇尔·梅耶先生，他同意把这本书纳入他主编的从书中。

---

① Françoise Douay - Soublin, « Les figures de rhétorique: actualité, reconstruction, remploi », *Langue Française*, n°101, 1994, pp. 13 - 25.

第一章

语法、文体、修辞

修辞学史上，在古罗马修辞学[①]之前很少提及修辞格的问题，与取材和布局谋篇相比，文体风格中所涉及的修辞格并不占有重要地位。宏观单位，即话语的整体构建，比微观单位更为重要。公元前 1 世纪《献给赫伦尼厄斯的修辞学》一书中修辞学的五个要素首次得到了明确的阐释，但这并非是著作的主体，著作主要论述的是文体风格。修辞学在概念缩减之前经历了几个世纪：尤其杜埃的研究表明[②]，即使某些论著专门讨论修辞格，就像丰塔尼埃的著作一样，大部分情况下也认为文体风格只是修辞学的组成部分之一。潘寇克的《方法论百科全书》在译论"马蒙泰尔条目"时，强调它们所建议的提纲，该提纲突出"传统能力中公众演讲的基础：'构思'（问题、方法、论点、激情），'布局谋篇'（从开场白到结束语），以及'演说类型'（说教、辩护、颂词、传记、讨论）"[③]。19 世纪也是同样的状况。浏览一下 1822 年约瑟夫—维克多·勒克莱尔著作《新修辞学》的结构，就会发现他详细地描述了四个部分：取材、布局谋篇、文体风格和演讲技巧，最后一部分的描述比较简短。只有记忆这个部分没有涉猎。本书将不把修辞学仅仅局限于文体风格范畴，在对修辞格定义的问题讨论前，第一章将围绕相关学科语法、文体和修辞展开。

---

① 参阅第三章。

② Françoise Douay－Soublin, « La rhétorique en France au XIXᵉ siècle à travers ses pratiques et ses institutions: restauration, renaissance, remise en cause », dans *Histoire de la rhétorique dans l'Europe moderne*, 1450－1950, Marc Fumaroli (dir.), Paris, PUF, 1999, pp. 1071－1214.

③ Ibid., p. 1082.

一 从语法到修辞

（一）语法的作用

米歇尔·梅耶把修辞定义为“围绕一定问题个体间距离的协商”①，此定义是本书观点的基础。关于修辞格我们可以很容易地举例证明此点，比如婉曲法。当两个陈述者表达两种相反论断时，婉曲法的使用形成了不可缩减的距离：“你的民主就是独裁”，而其他的修辞格，比如让步，就会让距离缩小：“我们的斗志是如此的颓废，我承认，先生们，我们的意志极度薄弱，但邦巴斯德向你们伸出了他的臂膀。[……]耶稣支持着你们，耶稣激励着你们（波舒哀《关于忏悔热情的说教》）”。

协商事实上就是提出两种相反的论点，两个矛盾，并试图让一方归服另一方，或找到双方的契合点。协商会以某种方式介入，在每次说话时，即便是在专业领域外，比如说教、法庭、律师席②，每次协商都会考虑另一方，去构建自我形象，至少用来引起他人的注意。1997年在圣—德尼召开的关于“性情（气质、人格）”③和“情感”的学术研讨会，明确表明了“人格”这一概念并不专指议论式演说，它也涉及文学领域，费尔南多·阿兰④分析的波德莱尔的《邀游》就可证明这一点。圣琼·佩斯在他的诗歌作品，以及所有的宣言、书信、评论、大会发言上都构建了一种与杰出的诗人形象融为一体的自我表象，这里还是与人格有关⑤。这就意味着修辞学与语言、文学是不可分离的，文学提供了主要的分析素材。同样，一切都是言语行为，一切都通过理性，并且在理性的基础上，通过自我的表象以及试图对他人形成的影响得以实现。修辞学的任何一个组成要素都不

---

① Michel Meyer, *Histoire de la rhétorique. Des Grecs à nos jours*, Paris, Le Livre de poche, 1999, p. 293.

② Pierre Nora (dir.), *Les Lieux de mémoire*, Paris, Gallimard, coll. « Quarto », 1997。第一版分为7卷，分别出版于1984年、1986年和1992年。

③ 为了避免 éthos 和 èthos 的拼写争议，本文将采用 ethos 拼写法，但学术会议的标题采用的是 èthos。

④ Fernand Hallyn, « Mon enfant, ma sœur: figures de l'èthos baudelairien », dans François Cornilliat et Richard Lockwood (dir.) *èthos et pathos. Le statut du sujet rhétorique.* 圣—德尼国际学术研讨会集（1997年6月19—21日），Champion, 2000, pp. 249 - 264。

⑤ Colette Camelin et Joëlle Gardes Tamine, *La « Réthorique profonde » de Saint - John Perse*, Paris, Champion, 2002.

是独立的：它们之间有着根本的联系，省略三段论可阐明此点。如果定义为省略三段论的话，那么省略三段论就应从属于“取材”，推论在此也就找到了它的一席之地，省略三段论常常借用一些特殊的语言形式，比如拉辛戏剧中，尼禄对布里塔尼居斯说“我知道惩罚鲁莽对手的技巧”，他并不是只说出事实，而是表达出了一种威胁。暗含的论证就是：

> 我知道惩罚鲁莽对手的技巧。
> 而你是一个鲁莽的对手，
> 所以我知道惩罚你的技巧。

同时也可推出一个严格的三段论：

> 鲁莽的对手应该得到惩罚。
> 而你是一个鲁莽的对手，
> 所以你应该得到惩罚。

通过提喻法推出的“对手”——“你就是对手”实现了由普遍到个体的过渡，威胁就建立于此基础之上。阳性不定冠词“un”（一个）凸显了它。这是一个极小的语法现象，是一个微观单位，它构建了修辞格，因为语法是最根本的。即使修辞格首先构建了意义——语义当然也是语法的原动力，这并不意味着缩小到句法结构——语言的各个层级都应考虑，阿波利奈尔著名的隐喻例子说明了此点：“牧羊女，哦埃菲尔铁塔，桥梁之牧群今晨咩咩低鸣。”（《地带》）埃菲尔铁塔成了牧羊女，这也许是因为从马拉美以来诗人喜爱采用的同音异义手法[①]：埃菲尔铁塔是牧羊女是因为埃菲尔铁塔高耸于塞纳河河岸[②]。就像句法结构安排一样，能指关系必须要考虑，因为两种构成会形成本义和转义的混合，在动词“咩咩低鸣”前，同位语“牧羊女，哦埃菲尔铁塔”的构建，随后介词“de”的使用，

---

① 法语中的埃菲尔铁塔（Tour Eiffel）和牧羊女（bergère）都含有/ɛ/和/r/的音——译注。

② 原文中使用动词 dominer 来解释两者的共性：la bergère *domine* le troupeau et la tour Eiffel *domine* les berges du fleuve. 牧羊女控制羊群，埃菲尔铁塔高耸于河岸。Dominer 一词多义。再者，la tour Eiffel domine les *berges* du fleuve 一句中，河岸 berge 一词与牧羊女 bergère 一词，形很相似——译注。

“桥梁之牧群”的构建。所有的隐喻都需要构建，它们通常是从词的喻义、比喻手法或词语的替换角度去分析的[①]。句法结构和词汇一样，它本身也构建了语义。整体的语义来自句法和词汇之间的相互影响。下面两段节选就证明了此点。第一个节选自波舒哀的《福音的宣讲》，这是一个演讲，属于议政演说，目的在于通过布道者劝说听众倾听上帝的声音；第二个节选自波德莱尔的诗，是抒情诗，诗人表达了他的痛苦。两篇文章中的现象、层级的相互影响是相同的。节选的波舒哀的文章是演说的一开始，是绪论：“面对人类的堕落，上帝的缄默真是令人惊讶的事。每天戒律被蔑视，真理被亵渎，权利被践踏；他的阳光依然照射着这些亵渎宗教的人，雨水依然浇灌着他们的农田，大地并没有在他们的脚下裂开，他一切都看在眼里，却佯装不见；他观察着一切，却保持缄默。”这段话中使用了好几个修辞格，后面我们会再次对此问题进行探讨[②]。这里使用的有列举法、反衬、结尾的隽语，意想不到的上帝的沉默呼应了一开始的论言。我们可以看到所有层级的使用，首先是音律，使用的是词尾音类似[③]的手法[④]，其次是节奏，比如结尾使用了交错配列法，“他一切都看在眼里”和“他保持缄默”都是三个单音节词[⑤]，其中插入了较长的音节，长短音节的交错使用形成了隽语。从句法层面看，尤其是排比的使用、结尾的并列以及轭式省略法（“戒律被蔑视，真理被亵渎，权利被践踏”）[⑥] 的使用。词汇方面，上帝的权力和上帝面对“人类堕落”所表现的冷漠形成了鲜明的对比。特定句法功能把重要的词汇联系起来：“戒律”、“真理”、“权利”三个词做了主语，而那些最有反衬功能的词汇做了表语。所有这些要素都很重要，它们和反复手法相连，构建了让听众跟随的思路，构建了文章生动的情节，并推动其发展。《自惩者》中，隐喻在许多层次得到了使用：

我是尖刀，我是伤口，

① Joëlle Gardes Tamine, *Au coeur du langage. La métaphore*, Paris, Champion, 2011, p. 157 *sq.*

② Ibid., p. 114.

③ 原文中的 méprisé、blasphémées 和 violés 这三个词都是以/e/音结尾的——译注。

④ 通过分读的方式，“violés”这个词就有三个音节，词的长短也参与了辞格的构建。此外就像在诗歌中一样，词尾的阴阳性的转换也很重要。

⑤ 原文中的 *il voit tout* 和 *il se tait* 这两句话都是由三个单音节词构成的——译注。

⑥ 轭式省略法即上文提到过的动词、形容词，下文中予以省略。这三句话的原文中第一句使用了系动词“être”，第二句和第三句省略了动词“être”——译注。

我是耳光，我是脸皮，
我是四肢和车轮子，
受刑的人和刽子手。
我是我心的吸血鬼，
——伟大的被弃者之一，
已被判处大笑不止，
却再不能微笑一回。

这首诗以两首四行诗结尾，通过一系列相连贯的隐喻展开，这些隐喻涉及不同的领域，但最终表达的是一个意思[①]。在第一首四行诗里，隐喻都具有相同的句法结构——排比，用修辞学专业术语来讲就是“句群重复法”（*hypozeuxe*），最后一句诗采用了省略法，后一首四行诗通过介词“de”的结构把受刑的人和刽子手聚合在一起，对自我惩罚起到了最好的证明作用。形式方面是通过韵律和格律实现的。词汇方面，使用了一系列具有换喻关系的词汇（尖刀造成伤口，耳光打在脸上……）。这里，应重视独立于其作用的语法现象，而且每个因素都是必不可少的。

（二）文体与修辞

对语言现象的赞同或反对构成了文体。论著中关于文体风格这部分不但包括辞格理论，还有对文体的思考。《献给赫伦尼厄斯的修辞学》中，在论述了援引他人例证以及演讲者介绍自己实例的重要性后，分析分为两个部分，文体类型及构成的特征：“讲授可分为两部分：首先演讲风格应采用哪种类型；其次它具有何种特征。”[②] 当作者使用 *figura* 一词时，它涉及了三种文风，即高雅文风、普通文风和简约文风；而 *exornationes* 一词就是我们今天所说的辞格，但它们没有被单独列出，而是与文风的构建联系在一起进行阐述的。

如果把文体解释为是一系列语言选择的结果的话（有意识或无意识

① 这种连续使用方式可称作映像法（ikon）。第 140—141 页（本译著页码）中我们会对此问题再次探讨。

② *Rhétorique à Hérennius*，由居伊·阿莎尔（Guy Achard）整理并翻译，Les Belles - Lettres，collection des universities de France，1989，Ⅳ，10，p. 138：*Bipartita igitur erit nobis elocutionis praeceptio. Primum dicemus quibus in generibus semper omnis oratoria elocutio debeat esse*；*deinde ostendemus quas res semper habere debeat.*

的，这并不重要），语言的选择使说话者采用一种特定的语言——通常来说是母语，就像贝克特的例子——是某一个时代的，通常是说话者生活的时代（但也可以选择古风或一种语言新兴的文风），或用一种呈现其爱好的特有的文字，文风不是一个分句或句子内部一系列的手法："文体风格不是对小于分句的单位的语言和语法描述，而是对文本的整体构建，甚至可以说是思想风格。有意识或无意识选择的说话方式会影响演说的内容。"[①] 文体风格依赖于语法单位，但是文本的整体决定了语法单位并赋予其意。修辞呈现了语法单位的连贯性，并且从文本的整体性角度把它们有机地联系起来。理性来自要对自己讲话负责的说话者，理性通过说话者自身对社会的理解，对他人产生影响。修辞证实了语言现象以及文体风格的安排。

因而可提出三个层级：语法层级，即小于句子的微观单位和句子（或文本单位）；文体风格层级，即所说的现象在文章展开的过程中取得相关性，以及修辞层级，围绕着本体论，即语境[②]、世界的表象、自我的表象（性格/ethon）和他人的表象（情感/pathon），获取其含义。文体是语法和修辞的中间平台：它涵盖了语法，而它本身被修辞包含。

对于单位的分析，从语言结构及标准单位（演讲的各部分和最小的分句[③]）到文本单位，先分析由词汇体现的句法结构特征，再从文本单位到文本，最后从文本到文本之外。换言之，语法层级包含了最小的抽象结构以及实现的操作模式，即文本单位层级（用传统的术语来讲就是句子）。文体层级依赖对这些单位的描述，就像格兰杰[④]说的，文本单位形成了与语言具体性的对立，并且它们之间相互联系构建文本：语言的典型及相关特征从而得以体现。这些特征的相关性是通过它们之间的配合、矛盾或在文本中的位置体现的。辞格将会根据语境作为潜在相关性或明显性结构进行分析。在语境因素中，对散文来说可称为"修辞位置"，对诗

① Joëlle Gardes Tamine, *La Stylistique* (1992), Paris, Armand Colin, 2010, p. 18.

② 这里涉及的语义研究分为几个阶段，首先是在语法和文体范畴中所指和句子字面意思构建的研究，其次是根据词语之间的组合对语义的研究，最后是依据米歇尔·庞迪在 *Grammaire philosiphique des tropes. Mise en forme linguistique et interpretation discursive des conflits conceptuels* 中所说的，对"信息"的研究，该书 1992 年由 Minuit 出版社出版。要了解信息的内容必须要根据语境的变化从话语中推出结论，以及在米歇尔·梅耶所说的问题中找出话语的关键所在（参见第 12 页）。

③ Joëlle Gardes Tamine, *Pour une grammaire de l' écrit*, Paris, Belin, 2004.

④ Gilles - Gaston Granger, *Essai d' une philosophie du style* (1968), Paris, Odile Jacob, 1988.

歌来说可称为“格律位置”[1]。通常这些都是明显的位置，即文本单位的开头或结尾，因为文体的一致性和对比性在此体现出来。在引用的波舒哀的文章中，复合句中的小句的结尾形成了音律的共鸣，三个/e/音结尾的词，以及节奏的突变，比如末尾小音阶的韵律和段落结尾的四个单音节词[2]。

相互联系成为文体的语法单位应在修辞宏观结构内进行界定。它们只有在语言外部要素中才能获得深层意义，无论是何种类型，还是文本所表达的说话者的表象（人格）、受话者的表象（情感）及指涉，无论是预构建的还是文本构建的……可把三个层级总结为：

语法：标准单位和文本单位
文体：文本单位和文本
修辞：文本及文本之外的要素

除了作为基石的第一个层级外，每个层级都包含了下一个层级的要素。每一个层级都是自主构建的过程，但是上一个层级透析了下一个层级，并根据特有的问题选择相对应的特征，加入相关的评论。

二　逻各斯

稍后将探讨符号的问题。先看语言的几个特性，因为没有它们就谈不上文体和辞格。修辞学基本三要素人格、理性和情感中，理性是基石，即便是通过其他两个要素它才获得意义，但是没有理性，一切都无法进行，这是一个显而易见的道理。从理性谈起，主要是因为如果它有外部世界，如果需要把它与本体论联系起来的话，那么它就有特殊的性质，它提供了由语言任意性所形成的自主构建。因而应该先重新提及一下它的几个特性。

（一）特性

对于是一对一关系并体现这种关系的单位的规则来说，是谈不上文体

① Gilles－Gaston Granger, *Essai d' une philosophie du style*（1968）, Paris, Odile Jacob, 1988, p. 112.

② 四个单音节词为 et、il、se、tait——译注。

和修辞问题的。很难想象道路指示牌上的圆形变成椭圆，或画线的人按照自己的意愿把直线画成波浪线，或把表示禁止的红色变成玫瑰色以示有部分自由度……这就意味着这些规则不允许近似和变化——差不多红，差不多圆，差不多直——尤其是含糊不清的。红色有它的寓意，并且是唯一的，圆形和三角形也是一样。这就是为什么无论我们是在哪儿学的交通规则，无论道路指示牌设立在哪个地方，只要我们学过交通规则，我们就会立刻明白。在科技术语领域却不一样，比如零（0）可以是度（°）。朱迪特·施朗格明确指明了科学是如何在隐喻的基础上构建的，比如人文科学中机体的隐喻[①]。如果想保留科学精准性的名讳，数学本身就是一个很好的例子。它们是函数图解、缩放格、圆形、函数组、体、环形等。最后一个词在布尔巴基的《数学原理》中被解释为："在一个局部凸出的空间里，环形指的是一个'凸出、平衡、封闭且具有吮吸作用的'整体。它可以是'环状的'，以至于某种局部凸出、与0相分离的拓扑学向量空间被称作'环绕状'，如果任意凸出、环状、封闭、产生空间的部分都是0的临界的话。"[②] 可以看到"环形"这个隐喻，远远不是只用于命名，而是延伸的。那是否意味着隐喻不能指代一个稳定的概念，任何人都可赋予其一个特殊的含义呢？针对这一问题，必须要把创作层次（即人格诉求—隐喻在此产生）和接受层次（即情感诉诸—隐喻在此感知）区分开来。数学领域的隐喻，是由精确释义词汇组成的话语构成的，因此不再需要阐释，隐喻自身已被赋予明确的含义。当隐喻处于学科专业词汇领域时，它就不再是辞格了。隐喻之所以在科学领域使用，是因为数学领域使用的也是日常通用语言："这是因为语义层既不是平滑的，也不是凹凸不平的，它有它的缩影聚焦，也有它突出的部分，模式可变但其实质不变，拥有部分明显的表象甚至是变形的表象。有概念的转换，有新的功能，是因为语义在言语活动中已通过紧密结合的外部、节点和范畴事先形成。"[③] 隐喻实际上已不再是一个辞格：一切都源于"实际"。词有历史、有记忆，就像朱迪特·施朗格所说的，词语所产生的"反复映像"或词语源于的

① Judith Schlanger, *Les Métaphores de l' organisme*, Paris, Vrin, 1971。同时请参阅该作者的 *l' Invention intellectuelle*, Paris, Fayard, 1983。

② Daniel Parrochia, « l' architecture des mathématiques et la notion du corps », dans Christian Salomon (dir.), *Les Métaphores du corp*, Paris, l' Harmattan, 2004, pp. 97 - 115.

③ Judith Schlanger, *L' Invention intellectuelle*, *op. cit.*, p. 203.

“反复映像”并不会完全消失：“其他层面被感知的同时，长久分散的东西和反复映像其实在意识领域形成了一种文化映像。”[①] 任何语境的改变都会造成语言现象状态的改变，如从科技体转为诗体，洛特雷阿蒙《马尔多罗之歌》中语境的改变就是最好的例证。

朱迪特·施朗格说语义既不是平滑的也不是凹凸不平的。普遍意义上来说这是语言的特性。语言体现了一种形式结构，无论是在音位系统中声音的组合形式结构，还是话语中通过顺序和组合规则来辨识的结构中词素和词语的组合形式结构，都是如此。这种形式结构构成了逻辑的基础，无论是使它得以实现的词汇单位的插入还是只限于最小的语法单位“主谓宾”，形式结构都是不受影响的：

狗啃骨头
孩子画飞机
常春藤挡住了墙

或者是：

思想侵蚀了骨头
回忆勾画了飞机
胆怯挡住了墙

逻辑允许平淡的组合或反常的组合，这并不意味着打破了语法正确性（不符合语法规则）和可接受性（不可接受性）的区分。虽然结构主义和转换生成语法中使用了形式结构，虽然形式结构依然存在于同位中断和选择限制的概念中，但这不是从句法结构的角度看的，而是从语义的角度和释义的角度看的：它取决于话语中的逻辑。那么，什么最重要呢？是找语义的不兼容性还是看逻辑性是否允许此种形式结构，甚至是构建了一个特征？

这里其实就是霍凯特[②]列举的十三个特性中的两个特性：创造性和语

① Judith Schlanger, *L'Invention intellectuelle*, *op. cit.*, p. 203.

② Charles Hockett, *A Course in Modern Linguistics*, New York, Macmillan, 1958.

义性。第一个特征是当某个个体在某个特定环境下，所掌握的音素和词素的集合不够用时，言语能够适应任何一系列未出现过的情境并创造出新的音素和词素的可能性。第二个特征就是语义性。无论词汇单位在结构中的语义组合是什么，只要我们愿意，我们总是可以赋予其义。转换生成语法中典型的范例“无色的绿色想法愤怒地睡觉”就可表达出一些完全平淡无奇的“绿色想法”，比如希望，竭力试图在迟钝的头脑中展现出来。这是建立在什么基础之上呢？是建立在两组矛盾词基础之上，“无色/绿色”，“睡觉/愤怒”；如果从效果方面看的话，是建立在两个修辞格基础之上。诗歌更需要语义性特征。晦涩难懂是一个特例，但它也是基于普通情况下，建立在普遍规则基础之上的，当遇到不熟悉的外语中新的话语时，人们会试图构建一个语义。这就意味着从某种程度上来说，借助语境可以赋予词汇单位意义，并且只要词不是虚词，比如像我们不知道的词，词的意义都是可变的。词是有弹性的、是多义的，词义是可变的，因而它们能够适应语境，适应其他词汇：就像查尔[①]所说的，词是“有活力的源泉，就像一群相互发出声音并彼此了解的海豚一样”。还记得马拉美希望“词汇相互映衬”[②]：此现象虽然在诗歌中尤为常见，但并不仅仅限于诗歌。修辞格可能只是语言弹性特征中最明显的表象。

（二）语言的功能

交流功能并不是语言唯一的和主要的功能。从狭义修辞学角度来讲，交流功能当然是最基本的，两个人或在场的一个作者和听众通过修辞试图找到双方的契合点，但是不要认为它是唯一起作用的。此外，值得注意的是，是19世纪社会学的发展和20世纪信息学理论的发展才把它摆到了首要位置。相反的，古典主义时期强调的是思想的表达（“思想由想法构成，通过话语的思想表达是由词语构成的”[③]）或是情感的表达（“情感拥有特殊的语言。那些表达情感特征的表达方式被称为辞格”[④]）。雅科布森所描述的语言的六个功能，并不是指除交流功能外语言的其他功能，它们其实

---

① 与弗朗丝·雨泽（France Huser）的会谈，Paris，Gallimard，coll. « La Pléiade »，1983，p. 829。

② “词语相互映衬，就像一条映在宝石上虚晃的灯影，用可感知的活力替代了古代抒情的激情或令人心潮澎湃句子的主题”，*Variations sur un sujet*，« Crise de vers »。

③ Pierre Fontanier，*Les Figures du discours*，Paris，Flammarion，1977，coll. « Champs »，p. 41.

④ 这是 Bernard Lamy，*La Rhétorique ou l' Art de parler* 第二卷第七章的题目。

是隶属于交流功能的。事实上，所有的功能都是在说话者和受话者间交流模式内部界定的，只是交流中对某个因素的侧重不同而已：说话者（表情功能或情感功能），受话者（呼吁功能），语境（指称功能），接触（寒暄功能），内容（诗歌功能）和语言（元语言功能）。这些功能相互依存：给定的语境中，只是某个功能比其他的更突出而已。我们交流或确切地说我们试图通过语言交流。由于语言的模糊性和可塑性，这个功能经常失效。模棱两可、语义双关、误解、暗示，这是影响成功交流常见的几个阻碍。我们对交流功能作出批评，并不是因为这个原因，而是从更深层的角度，是基于“语言是否总是用来交流”这个问题的基础之上的。皮亚杰强调儿童和成人的“言语表达”和独白：“即便对于成人来说，语言肯定总是用于表达思想的吗？不谈及内部语言的话，大部分普通人或是若有所思的知识分子都有自言自语或高声独白的习惯。［……］语言的功能在此就变了：自言自语讲话的人会感受到愉悦和刺激，消除了他对他人表达其思想的需要。”[①] 也许更应该说是语言的社会化功能。语言把我们在一个特定的社会群体内相互联系起来。行话和年轻人用语即可体现这点，这些用语呈现青少年自己的特征，这些特征是区别于成年人的，尤其与权力象征这类群体的要素不同。它标示了社会的从属：首先是通过语言实践我们得以处于一个地区，一些群体中，甚至是独立于我们话语的内容；其次通过语言实践我们得以行使权利或被剥夺权利。假如成功的交流是一个偶然的幸运，那么社会的印记却是无法避免的。

强调交流功能其实是建立于语用学基础之上的。然而这里是过度简化了，正如修辞学教育中所说的，当一个说话者面对一个受话者时，他们不是两个人，而是四个人，就像米歇尔·梅耶指出的，因为人格和情感都被分成了两部分：现实式人格和投射式人格（受话者赋予说话者的），现实式情感和投射式情感（说话者赋予受话者的）：“交流只能通过简单的现实性关系来解释，因为它消除了我们想说的和我们所说的，以及我们声称的和我们现实状况之间差距的可能性。”[②] 人格和情感的两种范式，现实式和投射式，经常处于错位的状态，因为“每个人在他人面前都会部分保

① Jean Piaget, *Le Langage et la pensée chez l' enfant* (1948), Neuchatel/Paris, Delachaux - Niestlé, 1976, pp. 13 - 14.

② Michel Meyer, *Rhetorica Principia. Une théorie générale de l' argumentation*, Paris, Fayard, 2008, p. 229.

留，但同时也许会在毫无意识的情况下向他们展示个人的人格特征”[1]，因此才会产生交流中的缺陷——失常、误会、谎言……

即使把交流看成是社会化的，这一功能虽然基础但却并不是唯一的。语言至少还有另外两个功能：象征功能和认知功能。在修辞格中最主要的是象征功能。结合心理学理论，将其定义为表述我们从未觉察和我们将不会觉察的事情的能力。它处于语言的中心，先于该功能构成的各种使用。比如通过时态的手法，用某些时态指代过去，但常常与讲述的方式不一样；或指代将来，只能通过一些与预先想的或预构建的不同词汇来辨识。象征功能甚至是某些语言单位的基础，所有那些表示关系的单位，比如动词、形容词、介词，不超越话语的这三个方面。一些人在笑，我们却觉察不到他们的笑容，我们不知道一个物体所处的位置，但参照另一物体，发现其实它已处于一个特殊的位置。象征功能能够让我们以独立的方式来表述这些关系。这些关系是建立在感知的基础之上的，比如对某个事件中涉及的物体的感知、品质媒介的感知、所处环境的感知……关系不能脱离物体独立存在，语言能够让我们对它们进行解释。抽象化和象征功能是相连的。关系之外，词汇体系中任何一个词都是抽象的，它本身包含了所指，是具体指涉物基础上普遍化的结果。语言对先于话语中实现的载体赋予形式，比如关系。

就是这个基本特性使得我们面对现实时可以有自由的表达形式。因此象征的使用也是语言学习[2]的条件之一，语言的进步与象征的发展是相连的。让·伊塔尔《关于维克多·阿韦龙[3]的回忆录》讲述了维克多语言习得的各个阶段，随着环境的变化维克多会回顾。只要这个时空距离不存在，他只能通过对一些物体的运用让人明白他的想法：“为了使夜晚更有乐趣，有段时间我们特意用小推车送他。从此以后，当没有人能满足他这一欲望时，他就会进到屋子里，抓住某人的胳膊把他拉到花园，把小推车的车把放到这个人手里，而他自己会立即坐进手推车里；如果我们拒绝他

---

① Michel Meyer, *Rhetorica Principia. Une théorie générale de l' argumentation*, Paris, Fayard, 2008, p. 228.

② Clairelise Bonnet, *L' Enfant et le Symbolique. L' accès aux premières structures sémiotiques*, Paris, Vrin, 1980.

③ Jean Itard, « Mémoire et rapport sur Victor de l' Aveyron », dans Lucien Malson, *Les Enfants sauvages*, Paris, UGE, « 10 – 18 », 1964.

的第一次请求，他会从小推车里下来，手握住推车把，把它推几圈，然后重新回来坐在里面，可能认为他的愿望没有达成，并不是因为他没有表达清楚。"[①] 在这个阶段，维克多想要奶时，只会挥动着汤盆。当他明白了文字形式的符号和指涉物之间的任意关系，即便没有奶这个实物和任何可借代的事物，他也会通过伊塔尔做的木质的字母组成“奶”这个词时，他就习得了语言：“我们很难相信五到六次相同的训练［字母和装满奶的瓶子的组合］就足够了，我并不是为了教会他有方法地排列‘奶’[②] 这个单词的四个字母，而是为了教会他一个词与事物之间关系的概念。”[③] 象征功能不同于交流功能，在系统内和它运用时，是对语言下定义的。当事物的关系被改变去构建一个新的指涉功能时，象征功能对于修辞格来说尤为重要。之所以超现实主义学家能通过难解的隐喻手法揭示事物不为人知的特征，是因为隐喻所涉及的构建使我们脱离了事物本身，就像艾吕雅的“天空是一枚顶针”，阿拉贡的“孤独的人是一阶楼梯”。这种现象在这里很明显，总体上来说，这种现象会出现在任何辞格中，因为它要求对符号的关注，符号让人忘记普通指涉世界，并让我们从另一视角看问题，即便这一视角存在微小差异。

象征功能因而与认知功能紧密相连。通过它所建立的与真实世界的距离，象征功能让我们得以对该世界进行描述。在一次会谈中，我们向安德烈·勒鲁瓦—古尔汉提问道：“语言难道只是一个交流知识的途径吗？我们是否可以说语言是理解真实的工具呢？”他肯定地回答道：“是的，语言可以看作是理解真实的一个方法。它具有证明功能，它是一个工具，深深地植入人的思想之中，已达到了平衡和和谐的状态。”[④] 即使证明功能很重要，但对于语言来说，它不是唯一进入世界和真实认知的途径——如果真实存在的话。词汇对世界简单的切分已是一种把世界类化的方法，被认为是基本特征的方法，因此也是认知世界的方法：对世界的类化得借用使用的语言的形式，但也正因为此，它形成了约束，这也是进入认知

---

① Jean Itard, « Mémoire et rapport sur Victor de l' Aveyron », dans Lucien Malson, *Les Enfants sauvages*, Paris, UGE, « 10 – 18 », 1964, p. 170.

② “奶”这个词由四个字母 l – a – i – t 组成——译注。

③ Jean Itard, « Mémoire et rapport sur Victor de l' Aveyron », dans Lucien Malson, *Les Enfants sauvages*, Paris, UGE, « 10 – 18 », 1964, p. 184.

④ André Leroi – Gourhan, *Les Racines du monde*, Paris, Belfond, 1982, p. 96.

的条件。

认知功能让我们能够更好地了解世界以及我们自己。借助皮埃尔·让内[①]所讲的历史、史诗、小说以及日常生活和对话中所采用的叙述方式，当我们讲述发生在我们身上的事，遇到的都是诸如“你今天做什么了?”“你去哪儿度假了?”等此类普通的问题，我们会逐一看发生的事情，对其进行组织，保留重要的部分，简而言之我们对事情进行分析，对其有更好的了解。柏格森赋予文学和宗教的假设功能应当扩大，应当将其看作“通过手势或话语能够让我们想象那些典型性人物，即伴随着他们的行为、意图和精神状态，我们凭借这些可以预言他们，说明他们，解释他们”[②]。这些典型性人物既是他人又是自我。因此，认知功能既能让我们建构对世界的认知，也能让我们在与他人交流时传达给他人。

在认知功能领域内，辞格扮演着重要的角色，它可以阐明一个难以理解的概念或通过反复去强调一个需要深入的要素。之前所说的智力创造力，在于打破束缚、传统、平庸的想法及认知范畴，在某些辞格中找到支撑点，不仅仅是施朗格所谈到的隐喻。矛盾修饰法和隽语可以让人质疑一个臆断，可以拒绝一个世界观而去构建新的描述。总体上来说，任何一个修辞格，因为它涉及词语新的排列组合，可能阻碍立即掌握语义，因而需要解释的过程，这个过程就是认知深化的过程。

最后一个功能，是叩问功能，它同象征功能一样重要，并且与理性紧密相连。米歇尔·梅耶在他的著作《论问题学》中对该功能作出了定义：“当我们大脑中有问题时，我们才会说话和思考。”[③] 这事实上是一个哲学问题，也是每天使用的语言中的问题，我们每一个人都运用了哲学，但却不一定知道。即使是科学问题本身的回答，在某一既定时间结束了问题，但大部分情况下问题依然是开放的，因为说话的本身就引出了无限的问题：“我们已经看到，说话就是提问题，至少是提出一个，哪怕是以解决的形式出现。至于语言交流性质，是远远没有任何先入为主的概念［……］。因为有潜在性问题，有辩论，因而有论证，这种隐晦的问题就像话语的含义一样包含在言语之中；话语的问题，我们再次

---

① Pierre Janet, *Les Débuts de l' intelligence*, Paris, Flammarion, 1935.

② Jean Molino et Raphaël Lafhail - Molino, *Homo fabulator. Théorie et analyse du récit*, Montréal/Arles, éd. Leméac/Actes Sud, 2003, p. 47.

③ Michel Meyer, *De la problématologie* (1988), Paris, PUF, 2008, p. 4.

重申，是要通过在话语中的意义或含义去理解的。”[①] 解释在于通过文本，在所提出的问题中寻求答案，但答案永远不是结束问题的最终答案。米歇尔·梅耶所举的例子并不都具有问题的形式，它们有的是通过肯定的形式表达的：

> 这座城市里有好警察。

说这段话的同时就意味着城市里不是所有的警察都好：“这种转换是如何突然出现的呢？很简单，作为一个问题的答案的同时，另一个转换的词汇就会一下子出现，和问题一样是隐晦的。”[②]

修辞学的作用就是把这些问题放到“人文环境中，更确切地说是主体间性的环境中，在这一环境下个体间相互交流，并会遇到关键性问题；他们之间会出现聚合和离散，要彼此取悦和掌控，也会被诱惑，尤其是当我们试图去相信的时候”[③]。修辞是针对在个体之间出现问题以及彼此意见不合时，对个体间距离的一种协商，往往采用的答案是暂时的：问题依然是开放式的，人格和情感并不叠合，一个问题的答案同时又会形成另一个问题。

在叩问中，辞格扮演了一个重要的角色。辞格刺激听众和读者去推理论证，推理论证本身就是叩问，通过修辞格运用的相对不透明性，可以引起人们对问题的关注。辞格固有的自反性至少是引出了“语义问题”：“非逐字逐句的阅读不仅会引出语义问题，它还会把该问题作为技巧和言语行为转向整个话语，并且通过所描述的和暗含的，提出它本身所特有的含义的问题。它本身会阻碍在其自身上找到它解决的问题，这就是问题的所在，以此给读者留下越来越强的影响，而读者无法被动接受答案，那么无意识的、明白易懂的问题就不会成为难题。”[④]

总而言之从某种程度上来说，修辞格是最清晰的、最明显的解释方法，因为在米歇尔·梅耶看来它是语言深层特征的问题所在。

---

① Michel Meyer, *De la problématologie* (1988), Paris, PUF, 2008, p. 227.

② Ibid., p. 4.

③ Michel Meyer, *Histoire de la rhétorique*, *op. cit.*, p. 329.

④ *De la problématologie*, *op. cit.*, p. 245.

第二章

从符号学到语言学

符号问题是修辞格分析的主要问题，因为一些理论家把比喻和辞格对立起来，他们的评判标准之一就是修辞格的范围，如果是由一个词或一个符号组成，它就是比喻，如果是由几个词组合而成，按照丰塔尼埃的说法，它就属于“比喻外的”修辞格。这一问题之所以是主要问题，是因为修辞格即使被称为音韵辞格或句法辞格，看起来只与形式有关，但其实它建构了意义，并且整体意义的第一阶段存在于特殊符号构成的所指和它们之间的相互作用。此外也是因为符号不仅仅包括能指和所指：符号与世界上的物体或人相连，它具有指示功能。鉴于此问题的重要性，我们认为语言学和超语言学之间的关系对于辞格来说极为重要，用保罗·利科关于隐喻的表达方式来说，修辞格构建了“新的指示功能”①。

一 语言学和本体论

即使是老生常谈，还是需要再次重申符号由三个部分组成：能指、所指和指涉物。前两个是语言性的，能指和所指是同体的，用索绪尔隐喻的观点来说，这两个要素就像一页纸的正反面紧密相连，第三个组成要素指涉物则不具有语言性。能指并不是所指的符号，是符号的整体，能指和所指共同反映了另一事物，按照所有符号的定义：一物代一物（*aliquid stat pro aliquo*）。一个符号在语言中指代或代替世界上一个成分。这个外部成分本身也可是一个符号，因为符号也属于世界上的物体，虽然它们的身份不同，外部成分是一个非语言单位。符号因而具有指示功能，当符号处于

① Paul Ricœur, *La Métaphore vive*, Paris, Le Seuil, 1975.

话语内部时，它具有内指性①，当符号处于语言之外的环境时，它具有外指性。符号对符号外部的这种指示功能不容忽视，即使我们不认为语法的根本功能是语用功能，一开始也不用具体的实物去解释指示对象。语言是由符号构成的，学习一门语言就必须要重视两个方面，一方面是语言的，另一方面是非语言的。

无论我们对语言和世界关系的看法如何，无论我们是否把语言看作第一要素，没有语言，世界将会是无形的，通过语言我们可以看到真实的反应，这要求我们必须接受本维尼斯特的观点，语言具有“偶然性”②。我们这里要强调的就是偶然性，这和本书倾向的结构主义的一个问题是一致的。言语是一个自治性组织，语言与它们所指物的关系是任意性的，语言单位和它们的组合既不是直接与世界相连，也不是完全独立于世界之外的。这就是相似性语言从词汇角度和句法角度比较后的表象。意大利语中有三个词可用来表示“给”，*donare*，*offrire* 和 *regalare*，法语只有两个词 *donner* 和 *offrir*，*régaler* 一词表达的是另一个意思。法语中一个动词必须有主语：“il pleut”（下雨），而意大利语却不需要，动词前缀就够了，*piove*。这是一个普通的观察，由此可区分米歇尔・庞迪所说的“语言形式”和“本体论范畴”：“语言可被看成潜在形式结构、语法结构和词汇结构的集合体，它使复杂内容的构建成为可能。通过构建以及复杂表意表达方式的使用，语言机制不得不脱离自身，自我阐释以及介入到与新的结构环境相互作用中。”③ 庞迪补充到，这个外部世界是“关于人类、人类行为、情绪的主要特征的假设系统，其结构是逻辑化的独立于任何偶然的环境因素。可把该假设系统称为本体论”。

语言结构和外部世界结构都是自律的、异质的，两者不完全相互独立，但相互影响。语言围绕本体论展开，对本体论产生一定影响，因为使用的语言或语言的构建大部分是通过语言所体现出来的表象而得以实现的。心理学家经常降低语言自治性的重要性。在皮亚杰④的语言习得理论

---

① 一个符号对另一个符号的指代可通过它的自指性实现：“‘温和的’是一个形容词”。

② Émile Benveniste, *Nature du signe linguistique*, *Problèmes de linguistique générale* (1939), 1, Paris, Gallimard, coll. *Tel*, 2006, p. 55.

③ Michele Prandi, *Grammaire philosophique des tropes. Mise en forme linguistique et interprétation discursive des conflits conceptuels*, Paris, Minuit, 1992, p. 36.

④ Jean Piaget, *Le Langage et la pensée chez l'enfant*, *op. cit.*

中可看到此现象，皮亚杰强调的是智力结构以及发展的每个阶段，而不考虑语言结构。在隐喻分析中也可看到此现象。一篇关于主体的文章的作者因而说到隐喻不依附于语言，但依附于世界，因为意义本质上来说是非语言性的[①]。美国认知学家莱考夫、约翰逊或者吉布斯都认为隐喻源于依赖于经验的自身概念的表象[②]。需要重视诗人肯定的说法，从而去理解诗人通过隐喻表达的他们本不想说的，因为语言并不一定重现意识结构，而是创造表象和一个真正的本体论。

这个本体论，乔治·莫利尼埃把它称为“物质本体论”。[③] 事实上不应当把它看作已经构建了，因为世界是“有距离的、未受损的、永恒的、不可侵犯的、不可触及的、难以描述的——超验性的”[④]。物质性，世界的这个特征，包括人格诉诸中的自我，情感诉诸中的他人，都是理性创造的，是建立在现实的基础之上的，在日常使用或科学使用中，或在文学中大部分是虚构的。物质世界不是世界，而是可能的目标世界或语言创建的世界，它构成语言外部世界。每个话语，每个文本因而是围绕着本体论展开的，有时是部分先建的，有时是由文本创建的。在所有的话语中，通过利科所说的“新的指示功能”，我们选择世界中的某些现象，对其进行编排，通过语言过滤器把它们表现出来，米歇尔·庞迪说：“我们的假设在语言中辨识了一种自治功能：让本体物质迎合外部自治的连接功能。对此功能的认知并不需要牺牲具有自治性的、独立性的构建功能的自治本体世界。”[⑤] 语言与语言外的物质相通，语言外的物质不仅仅包括符号所指代的物体，还包括说话者面对观众、听众或读者时对事物编排的环境。需要考虑到在这些环境中部分环境是具有偶然性的。如果它们构成了对话语解释的元素之一的话，它们与话语不同，因为人们不能直接从一个语境跳跃到另一个语境。因而，修辞格的研究不能脱离语用学，但是语用学因素在

---

① Nicoletta Caramelli, « Is metaphor language dépendent », *Archives de psychologie*, n° 61, pp. 281 – 295, 1993：“含义很明显是语言的根基，但其性质是非语言的”（p. 292）。

② 参阅 Marc Johnson et Georges Lakoff, *Les Métaphores de la vie quotidienne*, Minuit, 1985 [1980]; Raymond Gibbs et Gerard Steen eds., *Metaphor in cognitive Linguistics*, Amsterdam/Philadelphia, John Benjamins, 1999。

③ Georges Molinié, *Hermès mutilé. Vers une herméneutique matérielle. Essai de philosophie du langage*, Paris, Champion, 2005, p. 31.

④ Ibid., p. 35.

⑤ Michele Prandi, *Grammaire philosophique des tropes*, *op. cit.*, p. 40.

这里并不是首要的，而是以语用学理论为基础，作为理性中陈述的迹象，即形式语用学。与大多数当代理论学说不同的是，在任何情况下语用学都不会被用作对修辞格定义的理论。米歇尔·梅耶所言虽然过于严厉，但却很贴切："听众及听众的反应对此是没有任何作用的。"[①]

二　符号学原理

符号功能的研究以及文学符号这种特殊符号的研究（本书大部分的例子都源于文学作品）只能在区分层级的条件下进行，至少是从理论方面，哪怕是与文本分析相结合，这些层级要和语言学和本体论的区分以及物体本身和它所指代的事物的区分联系起来。

符号分析层级的区分来自让·莫理罗。这个区分本身延伸了瓦莱里1945年在法兰西公学院公开课上的一个评论，按照此理论，应当对创作者、产物及听众加以区分。尤其是音乐大师让—雅可·纳蒂埃[②]的研究采用了此种分析方法。用让·莫理罗[③]的话来说，必须把创作层次和接受层次以及中性层次区分开，创作层次就是事物创造的层次，在某一特定时期指导创作领域和作者想法的规则层次，接受层次用瓦莱里的话来说，就是特定听众的接受层次，而中性层次用简单的话来说就是事物层次。关于最后一个层次，纳蒂埃定义为："这个分析层次中，无论是从接受角度或创作角度，一开始不会看通过明确的方法所取得的结果的合理性。用来对现象界定和命名的方法会系统化地使用到它们的最大限度，直到新的困难的出现，这些方法才会被替换，而采用新的方法。'中性'指事物的创作范畴和接受范畴被中立化，并且我们会脱离已获得的结果一直到给定程序的最后。"[④]

在某种程度上来说，从中可看到修辞学对性情（演讲者自身想给予的表现）、逻各斯（演说和论据）、情感（听众的情感）的区分，尽管

---

① Michel Meyer, « Pour une théorie générale des figures », *Le groupe μ entre rhétorique et sémiotique*, *Protée*, Vol. 38, n° 1, 2010, pp. 19 – 25 *sq.*

② Jean – Jacques Nattiez, *Musicologie générale et sémiologie*, Paris, Christian Bourgois, 1987.

③ Jean Molino, « Per una semiologia come teoria delle forme simboliche », *Materiali filosofici* 15, Milan, 1985, pp. 9 – 26; « Fait musical et sémiologie de la musique », *Musique en jeu*, n° 17, 1975, pp. 37 – 72.

④ Nattiez, *op. cit.*, pp. 36 – 37.

米歇尔·梅耶指出，事实上根据说话者或受话者的看法，性情和情感都应再分成两种。总而言之，人格大部分建构于理性中，比如文学几乎全部都建构于理性中。理性还是投射性情感迹象的载体，比如当演讲者或作家在想象他的听众或读者时所考虑的。理性居于中心位置，即使现实中它不是第一位的，是演说者意图和其表现的结果，但在分析过程中它是第一位的。总而言之，这是本书所采用的方法。

然而并不是所有的辞格分析都是按此进行的，还需要针对辞格进行定位。马克·伯挠姆在他的著作《话语辞格语用学》[①] 中毫无区分地从一个层级过渡到另一个层级，比如从他所说的“意图迹象”到“释义考量”，也就是从创作层次到接受层次，从人格诉诸到情感诉诸。分析所遇到的主要问题之一，是要借助何种语言符号去组建想法或衡量语义，因为语义不是恒定不变的。语言对象是动力之源，在此基础上，我们以创作者的话语和人格诉诸的方式，或者以接受者的话语和情感诉诸的方式对其进行诠释。这个动力之源首先应当是系统化描述的对象，只有在描述完成的情况下我们才能根据所提出的问题指出合理性特征，无论这些问题属于创作范畴还是接受范畴，由于存在时间和空间的差异，以及不同的感知和经验，这两个层次被分开。在事物层次和创作层次及接受层次之间，存在一个重要的差异性：事物层次是由“结构或准结构”[②] 构成的，而创作层次和接受层次是“过程”，创作过程和诠释过程，即语义的构建过程。事物是这两个过程迹象的载体：整体的象征现象“通过进入意义迹象的形式被以物质化的、外形化的方式表现出来。创作过程不是一下子能在迹象中看出，接受过程部分又受迹象的限制，因而迹象是要取决于接受者的实际经验的”[③]。只有在这些基础上才能界定从理性到人格以及从理性到情感的关系。在此关系上说话者和受话者表达的迹象才得以建构和确立，演说者会试图借此缩小他和受话者之间的距离，听众会根据迹象进行推论，从而决定是否接受演说者的话语。

三　文本分析原理

当象征对象是话语或文本时，它的分析在与创作者或接受者联系起来

---

① Marc Bonhomme, *Pragmatique des figures du discours*, Paris, Champion, 2005.

② Nattiez, *op. cit.*, p. 37.

③ Ibid., p. 34.

前，应当从语法层面进行分析，或语法在分析中占有主导地位，因为理性诉诸首先是建立在词语的基础之上。其他类型的分析也是可能的，比如使用材料的分析、媒介的分析、墨水的分析、装订的分析或是排版的分析等，但是以创作和接受理论来说，语法分析在诠释中是最根本的，它会针对所发现的迹象给出解释，“在我们看来，区分对象层级和分析层级是很重要的问题，尤其是为了避免把迹象和迹象分析混淆在一起”[①]。

马克·伯挠姆做了一个假设：与话语层次相比，修辞格“只有在更深的心理语言学层级上才能获得表象的地位”，并且修辞格具有“完整倾向性和认知的共鸣性”。[②] 这是一个振奋人心的论点，但是站不住脚。并不是认知范畴不重要，而是从有迹象组成的话语范畴到心理语言学范畴，再到认知学范畴，伯挠姆忽略了从一个范畴过渡到其他范畴的风险性，这样是把符号分析的各个层级混合在一起了。从语言学的角度来说，修辞格只能构成表征性语言，根据科学中的常规程序，包括人文科学，它们具有元语言功能，“在元语言中，通过与自然语言相异的表征系统来描述研究对象，然后再通过一系列把表征与假设或理论与言语相联系起来的方法来诠释、解释或评论研究对象”[③]。语法表征语言所提出的问题是，语法表征语言本身是在对语言对象的描述时形成的，因为自然语言就是它自身的元语言。事实上语言的其中一个特性就是它的自反性。如果表征语言是由与构成文本的相同词语和相同句法结构组成的话，理论上它与文本是有区别的：一种彻底的决裂把事物的搭建与把描述作为目的的理论构建分离开来。如果忽视这个分离，就会产生歧义，就像安托万·居里奥利说的：“我们打算谈论一种语言，结果总是用这种语言来表达，由于语言的双面性，我们对此毫无察觉。因而我们会看到在创作者和元创作者之间，在（抽象的）主线和经验性的语句之间，在话语和语句之间等，会产生严重的混淆。”[④] 安托万·居里奥利提出语言分析包括三个方面：第一个方面是我们无法进入的，它在第二个方面中以痕迹的形式出现，而第三个方面

---

① Nattiez, *op. cit.*, pp. 37 – 38.

② Marc Bonhomme, *Pragmatique des figures du discours*, *op. cit.*, p. 259.

③ Jean – Claude Gardin, « Préface à la seconde édition », in Jean – Claude Gardin (dir.), *La Logique du plausible*, Paris, Maison des sciences de l'homme, 1987, p. 10.

④ Antoine Culioli, *Pour une linguistique de l'énonciation*, t. 2, *Formalisation et opérations de repérage*, Gap/Paris, Ophrys, 1999, p. 21.

就是表征语言。心理语言学和认知学的运演属于第一层级，表征语言是无法直接进入这个层级的，但是应该以此为出发点。在辞格分析中，就像是在任何的语言现象分析中，表征语言是事先所需要的，它也是首要的目标。从某种程度上来说，这是忠实于结构主义分析的原理，但从尺度上来说有两个变化，或新的视角：（1）必须提出语言现象合理性问题；（2）必须超越句子，转向文本，把语言学和超语言学联系起来。这就是在展开本体论分析之前，从修辞学理论出发，把衔接情感和人格的理性作为分析的基础。

这就是为什么辞格的分析不应当只从语用学的角度进行，因为语用学是以说话的语境为出发点，而不是以文本为出发点的，这正是这几年来的状况。《法语》杂志中《辞格与观点》[①] 这本专刊就是一个实例。本期专刊以话语分析理论为基础，以观点为出发点，并且观点被定义为在一个文本中不同表述者的共存。本刊的导言中说到，语言具有“对话性、对话体性和互动性”[②]，在话语中是可辨识的，就像反语，在引用他人话语的同时也采用了他人的观点。问题就在于该如何去辨识这个观点，与描述问题和分析问题相比，这更是一个诠释问题。事实上本专刊中的大部分分析都属于“释义考量”。此外，在话语中我们往往把“次要陈述者”和给予话语整体性及调控话语的首要陈述者放在同等的位置上看待，那么把话语中的次要观点归于“次要陈述者”是否合适呢？他的话语完全有可能指代或暗射其他的话，在某些话语类型中这可能还是主体，然而这并不是意味着要归属于陈述者，它在话语行为中并不是直接产生的，它的地位与主要陈述者所拥有的地位是同等的，除非舍弃了陈述者话语的本义。总而言之，如果一个辞格、一句话或一个文本中同时包含几个不同的观点，那么是首要陈述者让这些观点得以呈现，无论他是否有意识引用了他人的话语。可能就像蒙田所说的，我们所做的就是相互解释，词语并不属于我们，词语是价值的载体，词语拥有语义和文化的记忆库，而借助圣琼·佩斯[③]的话来说，说话者或写作者对他们的话语“负责”，是由他们来掌控他们所想让人听到的声音的。哈巴泰尔及其他人所说的观点事实上是一种调节的效果，而不是结构特征。陈述应当受到重视，但首先是要从标记问题入手，

---

① Alain Rabatel (dir.), *Figures et point de vue*, *Langue Française*, n° 160, décembre 2008.

② Alain Rabatel, « Introduction: figures et points de vue en confrontation », *Figures et point de vue*, *op. cit.*, p. 9. 对话指的是对话者之间的交流，而对话体指的是话语之间的相互作用。

③ “我，我对我所写的负责”，*Amers*, « Invocation », n° 5。

而不是从潜在的效果问题入手。文本中存在的是叩问的载体，叩问势必会引出他人的问题，以及他人的声音，但这并不是主要的。就像米歇尔·梅耶说的："无须依赖多语性，一切都可被解释，因为重要的并不是说话者的多样性，而是表达方式和词语构成的疑问的交替出现。"①

四　从意义到内容

任何事物，尤其是象征事物，对于其创作者、使用者、思考者和分析者来说，都是有价值的。修辞学和文本范畴中，话语试图缩小相斥观点间的距离，提出解答办法或找到答案，这个价值是尤为重要的。我们可把它称为"含义"。纳蒂埃对其定义为"一个事物把意义看成是一个个体，当个体把此事物与经验的某些层面相联系时，他就可以明白其义，也就是说其他事物的集合体属于他的社会实际经验"②，或更简洁地说，"当事物与生活的领域相连时，就会产生含义"。借用皮尔斯的理论和话语来说，含义是在与解释项对象相连中构建的。解释项是事物引起的符号，因为任何事物都会"对应某一个人"，即创作者或接受者，"也就是说，在这个人的大脑中创建了一个对等符号或一个拓展符号。所创建的符号，我把它称为首个符号的解释项，这个符号代替了某个事物，代替了它的对象"③。这些解释项会根据个体的不同，个人经验的不同而发生变化。如果对象是由无意义的单位组成，比如在音乐方面，这会是一个无限制的建构，即使创作者和听众所接受的文化熏陶往往已限制了它们的范围。

由语言符号组成的象征对象提出了一个特殊问题，因为它们的基础单位，即声音，比如在音乐领域，是没有含义的，它们在单位中组合起来，词素和词就体现了这种情况。我们知道语言具有双重分节功能，而音乐却没有。只有在有意义的单位中才存在与音乐相比，马拉美赋予诗歌的优先性。当他说想重新拿回他的财产时，他只会想他的结构以及他建议的权力，因为"随着声音的弱化，写作又重新收回了权力，把抽象化的东西用暗含的方式表达出来"④。在《语言科学新释义》中，他指出字母表中23

① *Principia Rhetorica*, *op. cit.*, p. 159.

② Jean-Jacques Nattiez, *Musicologie générale*, *op. cit.*, p. 31.

③ Charles S. Peirce, *Ecrits sur le signe*, Paris, Le Seuil, p. 121，由杰拉德·德勒达勒（Gérard Deledalle）收集、翻译和评论。

④ *Le Mystère dans les lettres.*

个或24个字母的组合可形成成千上百万的音符，但它们“不是词，因为它们缺少了最重要的一条原则，那就是词之所以是词，是因为不同的想法创建了它们，在不同的语言中它们的表现形式也不同”①。因而只有在有意义单位基础之上，含义在文本和修辞格中才能得以构建。

有必要在这里进行快速的回顾。即使很难界定符号的所指，但符号本身就具有所指。我们可以把它们想象成一系列的特征，其中某些特征来自它们在系统中各自的价值，也就是说与其他符号相比，它们所占据的位置：一把扶手椅既不是靠椅也不是软椅。一些符号并无差别但具有实证性，与它们在某个语境中的使用相比，它们是抽象化的结果。另一些符号是实质特征，是通过词语所指代对象的特征而界定的。理论随着特征的性质和构成而改变，在既定的语义场内它们被刻板地排列，或被当作代表一类事物的最好原型，而这个事物可以是已存在的事物或构建的模型。在此我们不做讨论，只需要记得特征集合体的存在，字典就是一个例证，当然随着个体的不同是会变化的。

这些集合体构成了解释项的某种限制，并在中性层次上界定了基本意思②，在基本意思的基础上构建了含义，在音乐方面，至少是在理论方面，含义的构建中是没有任何事物阻挡解释性过程的。它具有指向性，但在某种程度上来说还是开放的。在“逻辑解释项”中，比如可加入“情感解释项”③，甚至是“有效解释项”，因为我们的大脑会尽力去捕捉一个符号，并把它与其他的符号分割开来。一个符号和通过词汇与其相连的词语组合过程中的解释项是不对等的，比如“玫瑰”一词会联系到“花”，但它也可引出其他意义的符号，比如“玫瑰”这个词还可是香水的香味，一个国家政党的象征，或是诗人笔下的浪漫。因而含义的构建是在与解释项

---

① 援引自波特兰·马尔沙勒（Bertrand Marchal）的《马拉美的宗教》*La Religion de Mallarme*, Paris, Jose Cort, 1988, p. 485。波特兰·马尔沙勒对音乐和诗歌之间联系的评论是很清晰的：“马拉美当然不满足于一个结构类比的简单游戏，而忽视含义这个问题。语言与音乐相比，它的优越性就在于是语言让材料得以使用，也是它赋予其义。”

② 这就是弗朗索瓦·何咖纳迪（Francois Recanati）所说的“字面义”：“语言词组的字面意思是它的约定俗成的意思，即依据语言建构规则所获得的意义”，*Le Sens litteral, langage, contexte, contenu*, (2004), Paris/Tel-Aviv-Jaffa, L'Eclat, coll. « Tiré à part », 2007, p. 107。由克劳德·比什万（Claude Pichevin）从英文版翻译成法文版，作者审阅。我们将要谈的不是字面意思。参阅本书第79页（本译著页码）。

③ *Ecrits sur le signe*, *op. cit.*, p. 130.

的联系中产生的，某些解释项只有在语境中获得，因为语境提供了组合性。在此借用格兰杰[①]所强调的指代理论，事实上符号有好几种类型的指代：（1）与世界相连，在某些情况下当符号使用时，它就会围绕着指涉物，可把其称为语用指代；（2）与其他符号相连，无论是从能指层面还是从所指层面，符号会聚合式地或组合式地指代其他的符号；（3）指代自己（自指性）。这些指代通过含义的构建得以实现。在“窗户是开着的”这句话中，“窗户”和“开”这两个符号通过句法结构而联系在一起[②]，主语与表语的关系支撑着主体和谓语的逻辑—语义结构。指涉功能通过定冠词“la”和动词时态的使用而得以实现，但是解释项有可能赋予句子或组成句子的符号一个特殊的含义：“窗户”这个词可以让人联想到马拉美的诗或是一个沮丧朋友跳窗的悲惨死亡……“在陷入不够明显的特征时，思维就无法再明确地界定它是什么东西”[③]。

要知道是什么事物，必须界定何为关键，何为话语中真正的议题。在前面所提到的不同语义层中牵涉到解释隐晦事物的暗含问题（“我看了几部他的电影”，这句话就暗含着我不是看了他所有的电影），以及狭义推论问题，即以逻辑机制为基础，比如因果关系，得出一个话语的结论。我们把所得出的各种结论总称为推论。推论可以阐释米歇尔·庞迪所说的“信息”，保罗·利科所说的“话语的意象”或简单地说“内容”。假如说话者冷的话，从“窗户”这个词的所指中，他可能保留的是“让空气进来的开口”这个特征，而“让光线进入的开口”这个潜在的、被认为不明显的特征依然处于未被激活的状态。对于创作者来说，话语的深层含义是：开口是真实的，空气进来了，并且还有“交流的意图”，以米歇尔·庞迪的话语来说，就是“问题的所在”，按照米歇尔·梅耶的话来说就是要关上窗户。对于听众来说，从这句话中依据其个人的经验可联想到其他的意思，比如需要换个气。因此话语内容是一个复杂过程，它涵盖了不同范畴的众多因素。在分析中，表征语言不会被混淆，我们可以区分出不同的层级，然而现实中却不尽然。层级对修辞格来说极为重要，尤其是语义辞格或思想辞格（我们暂时先记住这个术语）：比如通过曲言法，词语的

---

① Gilles－Gaston Granger, *Langage et épistémologie*, Paris, Klincksieck, 1979.

② 此外，马拉美强调句法结构：在句法结构中，他看到了“明白易懂”的“保证”，*La Revue Blanche*, 1er septembre 1986, p. 216, cité par B. Marchal, *op. cit.*, p. 476。

③ Michel Meyer, *Principia Rhetorica*, *op. cit.*, p. 102.

所指被保留，从中可推出一个指示，根据这个指示，必须还要经过一个量化的层级[①]。夸张这个辞格的过程则刚好相反。从大部分的隐喻中我们可以得出隐喻会刺激行为或改变概念，因为隐喻具有评价特征，无论是从好的方面或从坏的方面。纳尼娜·沙尔保奈勒关于教育性演说指出“学校是嫁接的场所”这个隐喻不是一个简单的结论，从中要得出关于要采取的教育模式的各种结果：“隐喻的这个说法是一个主要的定义，而不是一个存在的描述，而且这个定义关系到了一个要做的行为，以及要有的态度。”[②]在另外一个语境中，“这位年轻姑娘是一朵玫瑰”这个隐喻中，根据情况我们可以推出“生命太短而不能完全经历”，就像龙沙的诗一样，或者“这位年轻姑娘体弱，需要谨慎对待”。这些推论都与孩子的教育问题、女人特性的问题或生活的问题相连，与所指相连。

五　矛盾与冲突

为了推出结论或使话语与语义一致，有时需要解决单位间的冲突问题。这种情况在某些辞格中表现得尤为明显，比如隐喻经常把一些词语混杂在一起（“沉睡在头发中的记忆”[③]），或是矛盾修饰法经常把不相容的词语融合在一起（“可怕的黑色的阳光照耀着夜晚”[④]），但这些冲突属于语言的正常现象，而不是特有的。洛朗·戈瑟林对体的研究就是最好的例证。任何由动词构成的话语都含有体的标志，词和语法词素，“在假设的基础上，依据它们各自的意义，从中可推出某些预示”[⑤]。如果词素或组合的词指代同样或相近概念的话，这些推断相对来说是较容易的，就像在“他每天早晨散步”（Il se promenait tous les matins）这句话中，未完成过去时这个体标明了动作的无限性，而且和延续性动词“散步”的语义及表重复的副词是兼容的。然而强调动作整体性和不表示延续性的简单过去时（Il se promena tous les matins）就会造成一个冲突，无论是从动词方面还是

---

① 参见第 103 页。

② Nanine Charbonnel, *La tache aveugle. L'Important, c'est d'être proper*, Strasbourg, Presses universitaires de Strasbourg, 1991, p. 161.

③ Baudelaire, *La Chevelure.*

④ Hugo, *Les Contemplations*, Ⅵ, ⅩⅩⅥ, « Ce que dit la Bouche d'ombre ».

⑤ Laurent Gosselin, *Sémantique de la temporalité en Français. Un modèle calculatoire et cognitif du temps et de l'aspect*, Louvain-la-Neuve, Duculot, 1996, p. 259.

从副词方面看，简单过去时和它们都形成了冲突。语境，比如标明终止时间，往往就可解决这个冲突了：“他每天早晨散步直到他病了”（Il se promena tous les matins jusqu’à ce qu’il soit trop malade）。通过这些简单的例子我们可以看到“话语中每个时间和体的标志都暗含了一个或几个以体和态的表征要素构建为目的的指示”。[①] 然后要把这些表征要素放在一起去获得“整体一致的、合理的、与知识背景相兼容的，并且贴切的表象”[②]。一致性是通过调整每个词的语义来实现的：“在解释性过程中获得的整体意义经常不同于（尤其是当冲突解决时）对每个词分别研究所得到的结果。”[③] 在这些冲突中，名词性词组有其他的表现形式，比如不可数名词“沙子”（*un sable*）和“水”（*une eau*）与修饰可数名词的限定词的共同使用。但如果对这些词进行解释的话，比如加一个形容词变成“细沙”（*un sable fin*）、“清澈的水”（*une eau pure*），语境就改变了这个词并解决了这种冲突。在修辞格方面，比如换称法，在专有名词“克罗伊斯”和“犹大”前加一个不定冠词，就可把唯一个体转换成一类中的一个。

到这里所谈到的冲突是严格意义上语言学层面的，其他冲突涉及了语言与世界的关系。隐喻时而是出现在语言学领域冲突中，时而是出现在其他领域的冲突中。语言学方面的冲突，比如可以让动词和论据的关系发挥作用：“阿喀琉斯咆哮”，“咆哮”这个词的本义是狮子的吼叫，阿喀琉斯作为主语就产生了冲突，不过这个冲突是容易解决的。冲突经常是本体的冲突，就像我们说的，含义不仅包括语言特征，还包括物质特征或根据已有经验的组合。在庞迪看来，波德莱尔的“今晚，月亮慵懒地做着梦”这句诗中，是本体论冲突，而不是语言冲突，因为“梦想”这个动词不像“吼叫”这个词有主语语言方面的限制。冲突可升级为矛盾，比如在反衬和隐喻中，说的那个事物并不是事物本身的含义。每次在总括语义层级方面，无论为何种表现形式，必须建构能赋予表面不一致的事物一致性的诠释。在同语反复辞格中，一个词的重复体现了需要解释的重复话语，其他的辞格只有在词语之间的落差和超语言现实中得以解释。讽喻就是这种现象，至少是以反语为基础，形成了所言与简单诠释的事物之间的冲突——

① Laurent Gosselin, *Sémantique de la temporalité en Français. Un modèle calculatoire et cognitif du temps et de l’aspect*, Louvain－la－Neuve, Duculot, 1996, p. 260.

② Ibid..

③ Ibid..

“这是天才”，以及和话语所隐射的——“就这些，要不是天才，这就是个笨蛋”。

在任何情况下，对语言材料和逻辑特点的分析是首要的。

六　语言分析要素

我们已说过，中性层次的分析要建立在结构要素系统化分析的基础之上。关于一个语言对象，首先要考虑语言分析的常用要素，从最形式化的要素到最典型的要素。传统的词语辞格、音韵辞格、结构辞格和语义辞格的分类是建立在这些要素之上的，除非辞格是由唯一一个要素限定的。音韵辞格取决于声音和形态，句法辞格取决于句法结构，语义辞格取决于含义。然而事实上每一次这些因素都会被涉及，比如“牧羊女　哦　埃菲尔铁塔”中的隐喻形式方面是聚合关系——“berge”（河岸）和“bergere”（牧羊女）——，采用了结构、同位语、类比这三种手法，牧羊女掌控着羊群，就像埃菲尔铁塔高耸于河岸等。同样对比辞格可突出句法结构和词汇间的关系。根据语言符号的特征，我们可以概括地说，修辞格的描述和分类可依据符号的三个要素：能指、所指和指涉物，而指涉物是可以赋予的，也可以是文本创建的。辞格的区分必须要了解每个要素是如何对辞格的构建起作用的，但并不是依此对能指辞格、所指辞格和本体辞格进行区分。音位—形态学、句法学、语义学、语用学这些机制都是普通机制，根据语境，从局部到整个文本的构建以及人格和情感的相连都发生在问题学范畴，是这些普通机制的相关应用界定了辞格。因而我们将首先介绍修辞格的历史。

第 三 章

从古典修辞学到问题学

修辞格这一词，无论是古代还是现代著作及教材对其所做的定义，对于人们来说都是很乏味的，以至于人们从不会对修辞格的起源及其建立的依据这些问题进行思考。然而，今天我们所熟知的修辞格这个概念是经过很长时间才建立起来的。本章将介绍修辞格的发展历史，但并不讲述修辞格的整个形成期和演变期，仅对其在某些时期的发展演变加以诠释：如古希腊与古罗马时期、古典主义盛行期和现代革新期，因为这些时期能够帮助我们更好地理解修辞格最主要的难点、那些模棱两可的问题和主要的对立点，更好地思考修辞格的关键性问题。基于这些关键性问题，我们在随后的章节中将对修辞格做全视角的分析。

一　古希腊与古罗马时期

（一）理论起源

在不追溯修辞学起源的前提下，首先要谈到的就是亚里士多德的《修辞学》，正如洛朗·贝尔诺所说，“它给古希腊修辞学戴上了桂冠”[①]。修辞学的五个组成部分在此书中尚未加以明确区分及界定。除了“记忆”这个组成要素，第三卷第一章只是简单地列举了其余四个要素：“按照自然而然的顺序，首先我们讨论了自然在先的问题，即通过什么途径才能使事实具有说服力；其次应讨论的是在演说中如何安排这些事实；再次就是朗

---

① Laurent Pernot, *La Rhétorique dans l'Antiquité*, Paris, Le Livre de Poche, 2000, p. 63.

诵，它具有极大的影响力，但至今还未曾被人讨论过。"① 文体风格和布局谋篇有机相连、密不可分。文体风格研究的主要对象是文体的优点、演讲的节奏、语言风格和幽默的运用。《修辞学》一书并没有提及修辞格，虽然有几个段落在谈论形象化比喻或文体风格优点时提到了隐喻，但隐喻并没有像在《论诗》中那样是作为修辞格来分析的。在第二十一章中，隐喻也只是作为一个词出现在文中（动词和名词）："所有的词要么是日常用词，要么是借词，要么是隐喻，要么是修饰语，要么是虚构的、延伸的、删节的或者是变异的词。"② 这一章节中亚里士多德提出的重要的观点是"词汇的含义就是语言表述的基本组成要素"③。比喻这个概念是不存在的。

对于修辞格的概念，《论诗》里提到了表达范型（σχήματα τῆs λέξεωs），也就是我们今天所说的言语行为："它们的认知要依赖于说话者的艺术，以及与其他相比占主导地位的艺术，诸如命令、乞求、陈述、恐吓、询问、回答和其他所有类似的事情。"④《论诗》的出版者和评论者杜邦—洛克及拉罗认为，这些行为在文本中也会很明显地体现出来，因而表达范型也是"语言辞格"。但这与我们了解的源于拉丁语修辞学的辞格还相距甚远。

（二）古希腊修辞学和古罗马修辞学

直到古希腊时代和第二雄辩术时期⑤，修辞学才有了真正的理论体系。也就是在这个时代，"记忆"首次被归为修辞学的组成要素，正如公元前 86 年至公元前 83 年之间编撰的《献给赫伦尼厄斯的修辞学》中写的那样："演讲者必须具备取材、布局谋篇、选择文风、记忆和演讲技巧的能力和品质。取材在于找寻有力的论据或者是具有说服力的理由；布局谋篇就是合理安排每个论据各自应处的位置；文风要与取材所选用的词和句子的风格相一致；记忆是要记住观点、词汇和它们的布局；而演讲技巧则是

---

① Aristote, *Rhétorique*, 米歇尔 · 梅耶引言，查尔 · 艾米乐 · 如艾乐（Charle - émile Ruelle）翻译，帕特里斯娅 · 凡艾梅瑞克（Patricia Vanhermelryck）复校，贝努瓦 · 迪迈尔南（Benoît Timmernans）评论，Paris, Le Livre de Poche, 1991, 1403b, p. 298。本段引言的中文版援引自《亚里士多德全集》，苗力田主编，中国人民大学出版社 1990 年版——译注。

② *Rhétorique*, *op. cit.*, 56b, p. 101.

③ Aristote, *La Poétique*, 罗思林 · 杜邦—洛克（Roselyne Dupont - Roc）和让 · 拉罗（Jean Lallot）选文、译文、注解，Paris, Le Seuil, 1980, p. 340。

④ *Rhétorique*, *op. cit.*, 56b, p. 101.

⑤ 雄辩术分为三个时期，第二雄辩术时期开始于公元 3 世纪——译注。

利用和谐声音、面部表情和手势。"① 修辞学研究领域的五个组成要素首次得到了明确的划分和界定。

修辞格（*figura*）一词在《献给赫伦尼厄斯的修辞学》中出现过，但这个词的意义与我们今天所赋予它的意义大为不同。此书中修辞格一词指的是文体风格："文风使演讲不再有缺陷，文风（*figuras*）可分为三类，第一种类型为高雅文风，第二种为普通文风，第三种为简约文风。"②《修辞学》对这三种文风也做了解释，中世纪的文风类型呈现为"维吉尔轮状"③，每个类型对应维吉尔的一个作品，高雅文风对应《埃涅阿斯记》，普通文风对应《农事诗》，通俗或简约文风对应的是《牧歌集》。每种文风都会涉及布局和构建："事实上，词汇的布局将随着简约、高雅或者普通文风的改变而改变。"④ 因而重视结构是非常重要的。

尤其是在区分比喻和思想辞格及语言辞格时也会遇到结构这个问题。西塞罗将比喻和修辞格的区分归功于希腊人："按照希腊人的说法，给演说以美化修饰的，是词义转换的运用，他们将其称之为'比喻'，把思想表达方式和言语表达方式称之为'修辞格'。"⑤ 如果比喻是局限在一个词上，那辞格则反之。最早把辞格和比喻加以区分的是斯多葛派，是在独立词语言的不规范性和句法结构的错误性分离之后出现的。因而这个区分并不是新鲜事物了，只是在逐步系统化。早于《布鲁图斯》（公元前44）的《献给赫伦尼厄斯的修辞学》还未谈及此问题。《献给赫伦尼厄斯的修辞学》论著中用"修饰"（*exornatio*）一词指代所有"增强表述"、"突出表

---

① *Rhérorique à Hérennius*, *op. cit.*, Ⅰ, 3, p. 3: *Oportet igitur esse in oratione inventionem, dispositionem, elocutionem, memoriam, ponuntiationem. Iventio est excogitatio rerum verarum aut veri similium, quae causam probabilem reddunt. Dispositio est ordo et distribution rerum, quae demonstrate quid quibus locis sit collocandum. Elocutio est idoneorum verborum et sententiarum ad inventionem adcommodatio. Memoria est firma animi rerum et verborum et dispositionis receptio. Pronuntiatio est vocis, vultus, gestus moderatio cum venustate.*

② *Rhérorique à Hérennius*, *op. cit.*, Ⅳ, 10, p. 138: *Sunt igitur tria genera, quae genera nos figuras appellamus, in quibus omins oratio non vitiosa consumitur; unam gravem, alteram mediocrem, tertiam extenuatam vacamus*。

③ 维吉尔轮 Roue de Virgile，指文体风格的三分论，即高雅文风、普通文风和简约文风——译注。

④ *Rhérorique à Hérennius*, *op. cit.*, Ⅳ, 14, p. 143: *Erit enim et adtenuata verborum construction quaedam et item alia in gravitate, alia posita in mediocritate.*

⑤ Cicéron, *Brutus*, 69, 于勒·玛尔塔（Jules Martha）进行了文本的选定和翻译，Paris, Les Belles - Lettres, 2002 [1923], p. 24: *Ornari orationem Graeci putant, si uerborum immutationibus utantur, quos appellant tropous, et sententiarum orationisque formis, quae uocant schemata.*

达”的手法。译者居伊·阿莎尔把这个词翻译成了“修辞格”（*figure*）：“所有的文风，无论是高雅的、普通的还是简约的都被修辞格美化了。修辞格经过精心布局，提高了演说语言的层级，使演说的文辞更华巧。但过多使用修辞格，就会使演说变得繁缛。”① 这段译文很不幸地让人们误以为修辞格的概念得到了明确的界定，事实上在同一章节中，“修辞格”（*figura*）也指代前文中提到过的文体风格。同时值得注意的是，“*exornatio*”一词从严格意义上来说并无“修饰”这个词义（*exornare* 意为“配备”），而是指“余裕”，这两个词不尽相同。米歇尔·梅耶认为这个词的主要含义是“补充部分”，他在《修辞学原理》中写道，“要充分全面理解‘修饰’（*ornement*）一词的含义：对一个问题的修饰，对一个问题的调整，笼统地讲也就是对某个问题的扩大化（这会让人产生抵触心理），或是对这个问题的回应扩大化（为了突出赞同的意愿），即人们质疑、收回前言、退让、否定、夸张或预测关于一个问题的反对意见和这个反对意见可能产生的距离”②。

辞格分为语言辞格（*exornationes verborum*）和思想辞格（*sententiarum*）两类。这似乎是第一次对辞格进行了分类，此分类或许也起源于斯多葛派：“华巧的文风是通过千变万化的语言修饰而呈现的。语言辞格注重的是词语的表达，思想辞格不注重词语而注重所体现的思想。”③

《献给赫伦尼厄斯的修辞学》中提及的比喻与西塞罗所提出的比喻，两者含义大相径庭。比喻属于语言辞格，但其可单独归类，因为词的本体就有喻义：“事实上，所有辞格的特性就是使这些词汇偏离本义，成为被赋予其他用法的词藻。”④ 比喻可通过单个词语实现，而思想辞格和语言辞格都需要布局谋篇。

---

① *Rhérorique à Hérennius*, *op. cit.*, Ⅳ, 16, p. 145: *omne genus orationis, et grave et médiocre et adtenuatum; dignitqte qdficiunt exornqtiones de quibus post lequemur; quae si rarae disponentur, distinctam, sicuti coloribus, si crebrae conlocabuntur, oblitam reddunt orationem.*

② *Rhétorica Principia*, *op. cit.*, p. 139.

③ *Rhérorique à Hérennius*, *op. cit.*, Ⅳ, 18, pp. 148 – 149: *Dignitas est quae reddit ornatam orationem varietate distinguens. Haec in verborum et in sententiarum exornationes dividitur. Verborum exornatio est quae ips ius sermonis insignita continetur perpolitione. Sententiarum exornatio est quae non in verbis, sed in ipis rebus quandam habet dignitatem.*

④ *Rhérorique à Hérennius*, *op. cit.*, Ⅳ, 41, p. 181: *Nam earum omnium hoc proprium est ut ab usitata verborum potestate recedatur atque in aliam rationem cum quadam venustate oratio conferatur.*

从《献给赫伦尼厄斯的修辞学》到西塞罗，修辞格的概念在不断演化，各阶段的难点相异，而这些难点将会贯穿整个修辞学史。虽然修辞学第一本论著给修辞格下了定义，但其实指文体风格，我们对此不做讨论，现在应该研究的是比喻在修辞格内部所处的位置问题。洛朗·贝尔诺认为《布鲁图斯》和斯多葛派对辞格和比喻所作的区分是一致的，没有把比喻列入辞格中，这与《修辞学》的观点不同，《修辞学》认为比喻是一种语言上的辞格。这里一方面涉及比喻的外延，无论比喻是由单个词语构成，还是由经过布局构建的多个词组成。如果是单个词语，比喻只不过是语境中词义的转变，从聚合角度来看，只是一词对另一词的替换。比喻借助的是替换词的多义性，同时替换词成为被替换词的近义词。这是从词汇的角度进行分析的。另一方面涉及两种对立的辞格观点：一个侧重于词的组成要素，另一个则注重文体和词的转义，在《献给赫伦尼厄斯的修辞学》中也可看到此观点，即“语言偏离其本义”。这主要是从文体的角度进行分析的。正如几个世纪之后丰塔尼埃的《关于杜马塞的评述》一文所体现的，这些模棱两可的问题从未真正得到解决。

辞格的分析（无论是 *exornationes* 还是 *schemata*）涉及的根本问题其实是言语行为问题：如何界定词汇的习惯用法？本章节将不对此问题展开讨论，在后面的章节中我们将重新讨论此问题。值得注意的是，没有言语行为理论，没有完整的修辞理论，就没有辞格理论。这里强调的是古希腊修辞学中所说的对听众的情感诉诸，也就是说修辞格扮演了重要的角色。卡利略在《修辞学史》中指出，西塞罗的《演说家》“打破所有传统修辞学——无论是雄辩术的、亚里士多德的抑或是斯多葛主义的——，修辞的目的不是为了效率或用途，而在于它的特殊性”，所有的修辞“必须以情感诉诸为出发点而重新定义”。[①] 与“证明”（*probare*）相比，修辞更多的是为了“取悦”（*delectare*）或“说服”（*flectere*）听众，正是“说服”这种能力体现了演说者的能力。

《论崇高》（大约在提庇留时期，也就是公元 1 世纪初期）列举了一个明显范例：修辞格是“崇高来源不可忽略的一大要素”，也就是说慷慨激昂的热情可使我们实现崇高。朗吉努斯将“誓言”称为“呼语”

① Manuel Maria Carrilho, « Les racines de la rhétorique : l' Antiquité grecque et romaine », dans *Histoire de la rhétorique*, *op. cit.*, p. 74.

(*apostrophe*)，“可使自然事物变得崇高，可使激情转化为一种促使听众相信那些奇特、不可思议言语的狂热渲染情绪”①。“崇高和情绪”能让我们避开使用修辞格所造成的“陷阱”：崇高和情绪是情感诉诸时必不可少的，情感诉诸能让辞藻的运用更加自然，从而避免让人看出过度夸张的辞格技巧使用。这就是理性与感性之间的矛盾问题，这也是今后修辞学面临的一个重要问题。

（三）昆提利安理论

在古典修辞学家中，昆提利安（30—100）是唯一一个对修辞学作出综合论述的。十二卷本的《雄辩家的教育》把修辞学划分为五部分［著作观点广泛，对演说者的教育进行了归纳总结，把修辞学定义为言说的艺术（*ars bene dicendi*）］。此书先后讨论了修辞学的取材、布局谋篇、文体风格、记忆和演讲技巧这五大要素。两卷探讨了文体风格，一卷对《献给赫伦尼厄斯的修辞学》中已探讨的“模仿”一题进行了阐述。如果说修辞学是一门“善言的科学”，那么文体风格则显得尤为重要。

第九卷对修辞格进行了详细论述。此处修辞格（*figura*）一词与我们现在所指的修辞格的含义是一致的。昆提利安依照西塞罗的理论对比喻和辞格做了区分，但这种区分并未被所有修辞学家所接纳。比喻和辞格很相像，都是关于词汇或是言辞的转换，并且它们的目标是一致的：“使所要表达的思想更加优雅、更具有说服力。”但是两者也具有差异性：一是转换机制差异性，比喻侧重于含义，而修辞格侧重于布局，“比喻是把一个词最原始、最基本的词义转换到另一个词上来修饰文风；或依照大多数语法学家的定义，比喻是一个词从一个语境转换到另一个语境，而词的本义已消失。相反，辞格就如同该词的本义，就是赋予言语一种超脱习惯表达和自由表达的语言形式”②。二是外延差异性，比喻是词的替换，无论是单个词还是像迂回法中多词的替换，都不涉及词的布局，然而辞格是关于

① Longin (Pseudo), *Du sublime*, 由杰克·皮柔（Jakie Pigeaud）翻译、推出、注释，Paris, Rivages,《Poche》, 1993, XVI, pp. 84－85。

② Quintilien, *Institution Oratoire*, IX, 1, 由让·谷然（Jean Cousin）确定原著和翻译，Paris, Les Belles－Lettres, 2003（1978）, p. 157：*Est igitur tropos sermo a naturali et principali significatione tralatus ad aliam ornandae orationis gratia, vel, ut plerique grammatici finiunt, dictio ab eo loco in quo propria est tralata in eum in quo propria non est*；《*figura*》*sicut nomine ipso patet, conformatio quaedam orationis remota a communi et primum se offerente ratione*。

词语在文章中的布局，并不改变词语的本义。昆提利安认为，从产生的效果来看两者的差异并不是至关重要的，因为“比喻和修辞格经常在相同的概念中结合，无论是词语隐喻含义的运用还是词语本义的使用，文风都是形象化的”①。昆提利安先评论了修辞学家们所作出的辞格定义的分歧，随后提出了自己的见解。他解释道，“与普通简单的表达方式相比，辞格就是偏离自然的和常用的表达方法的表达方式，如同我们坐着或躺着，目光却朝着后方”②，这样定义辞格就意味着所有话语都包含修辞格，就像每个动作都会引起肢体形态的变化。对于修辞格的定义，另一要素必不可少，修辞格“把简单浅显的表达方式转变成诗歌体或演说体。［……］修辞格就是艺术对表达形式的革新”③。因而可以把演讲分为两类，非形象化演讲（*oratio carens figuris*）和形象化演讲（*oratio figurata*），第二种要高于第一种。显而易见，这涉及的是文体学和美学评判标准，以及情感所产生的效应。最后，昆提利安区分了思想辞格和语言辞格（选词、文体风格、言语行为或演说方式/*dictionis*, *elocutionis vel sermonis vel orationis*）。修辞学体系得以建立。

（四）深层理论

通过对古典修辞学的简短回顾我们可以学到什么呢？有些修辞格被定义为转换；一些是从语言学角度可辨认的（语言辞格），另一些则不是（思想辞格）；而对于比喻，需要对其单独留有一席之地，因为它要么属于修辞格范畴，要么不属于修辞格范畴。这些区分可用语言学术语重新进行表述。首先，无论比喻是否属于辞格范畴，比喻和辞格的区分，其实就是孤立词和聚合词的区分。比喻是用确切的词代替不确切的词——“实际上比喻就是‘用词不当’（*akyrologia*），用不确切的词替换日常事物的专有名词——从‘事物’的指代关系来看，比喻是命名和标注”④。比喻首先

① Quintilien, *Institution Oratoire*, Ⅸ, 1, 由让·谷然（Jean Cousin）确定原著和翻译，Paris, Les Belles-Lettres, 2003（1978）, p. 158：*Illud tamen notandum, coire frequenter in easdem sententias et tropon et figuram; tam enim tralatis verbis quam propriis figuratur oratio*。

② Ibid., p. 159：*in sensu vel sermone aliqua a vulgari et simplici specie cum ratione mutatio, sicut nos sedemus, incumbimus, respicimus.*

③ Ibid., pp. 159-160：*a simplici atque in promptu posito dicendi modo poetice verl oratorie mutatum* [...] *Ergo figura sit arte aliqua novata forma dicendi.*

④ Françoise Desbordes, « L'énonciation dans la rhétorique antique: les "figures de pensée" », *Histoire épistémologie Langage* Ⅷ-2, 1986, p. 27.

属于词汇范畴，包含词与词之间的关系，如词的多义性或同义性。从多义性角度看，人们注重的是比喻这个词本身；从同义性角度看，人们注重的是替换词与被替换词之间的关系。对于修辞格而言，弗朗索瓦兹·德博尔德认为修辞格“从听众的角度界定，我们面对听众时使用的是话语而不是孤立的词语”。事实上，两者之间的对立在于语法概念（逻辑）的对立，或者是陈述概念（人格和情感）的对立，从而我们也就明白了为什么语法学家杜马塞编写了《论比喻》，而文体学家丰塔尼埃却写了《异于比喻的修辞格》。

这依然是从表述的层面进行的初步探讨，很难用另一种术语区分语言辞格和思想辞格。所有的辞格都是表现形式（*forma* 一词出现在西塞罗著作中），但话语的表现形式不同于思想的表现形式。如果词语的组成要素被改变，那么话语的表现形式将不复存在，要是把“远处经过一条船”说成“一条船在远处经过”，修辞格就不存在了[①]。然而，思想辞格不依赖于词汇。反语属于思想辞格范畴，比如当谈及一个不诚实的人时，我们可以反讽地说“这真是贤良的人啊”或“这简直就是诚实啊”，这两句话的修辞格是相同的。但是大多数思想辞格比如设问，使人很难辨识一些言语行为，这也就解释了在修辞格分类中出现的模棱两可的问题。只有从表述的角度分析才能真正地区分：“唯一能够判定一个话语是思想辞格的就是话语与话语陈述间的关系，当然也不能忽略赖以存在的语境，语境的描述[……]或足够的背景有助于了解话语表述情况（例如答非所问这种情况）。”[②] 修辞表面上看起来是对被证实的事实的询问，但事实上反语的使用使被表述的事情和事情本身之间产生了距离。如果我们想维持语言辞格和思想辞格之间的对立性，我们就可以说思想辞格是介于语言学和本体论的节点，而语言辞格像话语一样具有所指功能，但不需要话语来对其进行阐释。

思想辞格的定义涉及思想意识本身以及思想意识与言语活动之间的关系。昆提利安提到，应先探讨思想辞格，其后才是语言辞格，因为人们说话前会先思考，其想法很难界定，如同弗朗索瓦兹·德博尔德所说的“思想辞格是以独一无二的原始的思想为前提，在用言语表达前已有多种思维

① 远处经过一条船（au loin passe un bateau），此处涉及倒装法——主谓倒装。一条船在远处经过（un bateau passe au loin），此句为正常语序。——译注

② Françoise Desbordes, « L'énonciation dans la rhétorique antique: les "figures de pensée" », *Histoire épistémologie Langage* Ⅷ-2, 1986, p. 34.

方式”[1]。如果与简单的表述方式相比，我们把修辞格定义为偏离或语义的不贴切，是否意味着我们真的得出了结论了呢？如果把修辞格定义为偏离，言下之意是存在一种更直接说明同一件事情的方式，就像这件事情以前就存在于言语活动中，并独立于言语活动。但在表达之前，是否把所有一切都清晰界定，而不是“存在多种思维方式”呢？与修辞学和语言学相比，这更应该是哲学要讨论的问题。

如果还要从听众，尤其是听众的情感层面考虑的话，那么就会出现另一个问题。一些修辞格是建立在与臆想的对话者交流的基础之上的，而另一些是建立在使听众对所谈之事身临其境的必要性基础之上的，如形象化描写。反语的使用，使得同一目标受话者从讲话者的立场看待问题成为可能……西塞罗的修辞学强调演说家情感诉诸的重要性。某种程度上，这又回到了符号学分析的三个层级[2]和三个术语人格、理性和情感之间的区分。我们知道，在这些状况下依照我们所采用的观点，修辞格的分类或多或寡，完整或不完整。古代关于此的争议也是迭出不穷。

二　近代时期

（一）中世纪和文艺复兴

对这两个时期我们不做太多的论述，并不是因为这两个时期没有关于修辞学的思考，而是古典修辞学在“文艺复兴”时期的再度兴盛阐明了之前的某些对立问题。在这里我们将仅对《修辞学史》[3] 一书中出现的修辞学分析进行总结。

修辞格是逐步渗入语法体系中的，接下来的几个世纪中，它一直是哲学语法学家们研究的对象。贝努瓦·迪迈尔南认为，修辞学就是“接近辩证法的论证修辞学（部目）或创意修辞学与接近语法的辞格修辞学或文体修辞学之间的一种竞争”[4]。在古希腊和古罗马时期，思想辞格有时被归类于创意修辞学中，因为是素材和表述之间的对立构成了这两个部分的差别。这种存在于修辞学两种类型之间的竞争在现代社会依然可见，就像佩

---

① Françoise Desbordes, « L'énonciation dans la rhétorique antique: les “figures de pensée” », *Histoire épistémologie Langage* Ⅷ-2, 1986, p. 30.

② Ibid., p. 15.

③ Michel Meyer (dir.), *Histoire de la rhétorique. op. cit.*

④ « Renaissance et modernité de la rhétorique », *Histoire de la rhétorique. op. cit.*, p. 91.

尔雷曼和《论论辩》一书[①]强调取材的重要性，而列日学派[②]和《普通修辞学》[③] 更倾向于文体修辞和辞格的语言机制。

文艺复兴对古典修辞学的追溯，使人们发现了在中世纪被忽视了的修辞学论著——尤其是《布鲁图斯》、《演说家》、《论演说家》、《雄辩家的教育》——在贝努瓦·迪迈尔南看来，这一追溯伴随着对言语行为和语言使用上的一些疑问使修辞学取得了“飞跃式的发展”。理性占主导地位，言语和理性并重：“无可争议的，文艺复兴再度强调人类理性的重要性；但同时，它又提出了一个问题，人类将如何利用这种奇特的潜能。[……]因此，人类理性地位的恢复其实意味着情感诉诸（情感准则）和人格诉诸（道德准则）之间对立的形成。”[④] 效率修辞学和伦理修辞学之间的争论已经远远超出了狭义修辞学的范畴，这同时也是宗教和政治之间的争论，事实上，修辞学中的争论所涉及的领域更为广泛。

在此我们只探讨修辞格的问题。修辞格是一种表达普通言语无法表达的说服工具（“修辞格是文体风格的一种，它改变了简单及通俗的言语表述方式”[⑤]）；在斯卡利格或者桑科提乌斯的论著中修辞格的使用形式得到了完美的体现。这一直都是现实性的争论，规范—偏离这组概念的出现提早地结束了这场争论，此概念我们稍后会做解释。争论从根本上来说与理性所处的地位紧密相连：“修辞格是用来建立语法的合理性，那在这种情况下，修辞格能最大程度或者最小程度地表现一种语言的合理性吗？或者修辞格能描述影响或渗透到一种语言中的情感和精神状态吗？”[⑥] 一种语

① Chaïm Perelman et Lucie Olbrechts - Tyteca, *Traité de l' argumentation. La nouvelle rhétorique* (1970), Bruxelles, éditions de l' Université de Bruxelle, 1976.

② Groupe μ：指比利时列日大学诗学研究中心列日学派，列日学派运用结构主义的现代语言理论，把修辞格分为表达（或形式）和内容（或意义）两类词（包括小于词）与句（包括大于句）两级，从而把所有辞格分为四类，即词法辞格、句法辞格、语义辞格和逻辑辞格。同时他们运用其他现代语言理论如零度、偏离、冗余性、自改正、不变项等成功地揭示了辞格间的相互关系，指出辞格间具有联系性和系统性，并在此基础上建立了较为科学的辞格分类系统［引自《武汉科技大学学报》（社会科学版）2001 年第 1 期，《列日学派的辞格理论和辞格系统》］——译注。

③ Jacques Dubois, Francis Edeline, Jean - Marie Klinkenberg, Philippe Minguet, François Pire, Hadelin Trinon, 1970, *Rhétorique générale*, Paris, Larousse, 1970.

④ *Histoire de la rhétorique*, *op. cit.*, p. 96.

⑤ Antoine Fouquelin, 1990, *La Rhétorique Française* (1555) dans *Traités de poétique et de rhétorique de la Renaissance*, Francis Goyet（弗朗西斯·高耶）引言、序言、注解，Paris, Le Livre de Poche, 1990, p. 378。

⑥ *Histoire de la rhétorique*, *op. cit.*, pp. 125 - 126.

言的理性，同时也是人的理性，人是理性之物；你的情是受抨击的，或者反之，做激情之人？这里人的观念介入进来了，它在当今社会依然区分着人们的看法[①]。

如果文艺复兴实现了某种程度的政教分离，唯理主义就是一种表象，但这并不意味言语活动超越理性、脱离了宗教。基督教思想如同诗歌一样渗透到修辞学中，上帝一直影响着诗人和散文家。所有这些关于灵感、激情、崇高的问题在古典主义作品中重现，同时这也涉及了修辞格问题。

（二）古典主义盛行时期：只可意会不可言传[②]（le je－ne－sais－quoi）

我们需要了解崇高这个理念在不同时代是如何用对立的观点阐释的。朗吉努斯认为雄伟是超脱自我，表现为狂热甚至是粗豪，这似乎与古典主义所提倡的简洁洗练的文风相悖。神父伯阿沃斯在《与阿瑞斯特和欧也妮的会谈》一书中描述道："我们语言的神奇之处就在于虽然它是一种高雅和庄重的语言，但它也是世界上最简洁朴实的语言。"[③] 尽管这样还是必须很好地译出"je－ne－sais－quoi"，"感知比认知更容易"，因为"本质是难以理解也无法解释的"。在维克多·雨果和威廉·莎士比亚之前已提出本质这个问题，但似乎超出了语言范畴，然而这个问题需要解决："一些格言有助于更好地表述，但当我们想表达一种事物时，却没有任何东西教我们如何使用这些格言。会运用它们的是幸运儿，精彩的演说由此产生，但要与艺术演说严格地区分开来。"[④] 神父拉平认为要注重语言表达能力。即使崇高首先被定义为伟大的心灵（思想辞格），它同时也离不开文风（语言辞格）。

朗吉努斯明确了崇高与情感之间的关系，我们会惊异地发现古典主义学家们对此也给予了高度的重视，尤其体现在1674年翻译的布瓦洛作品中。布瓦洛在他《诗的艺术》[⑤] 中这样建议：

---

① 参阅 Alonso Damasio, *L'Erreur de Descartes*, Paris, Odile Jacob, 2001；关于"激情"，请参阅米歇尔·梅耶的 *Le Philosophe et les passions*, Paris, Le Livre de Poche, 1991。

② 法文 je－ne－sais－quoi 是一个固定表达方式，用来形容无法表达的，无法形容的人或事物——译注。

③ Dominique Bouhours, *Les Entretiens d'Ariste et d'Eugène*（1671），勒内·哈度昂（René Radouant）引言和注释，Bossard, 1920, p. 196。

④ Rapin, *Les Comparaisons des grands hommes de l'antiquité qui ont le plus excellé dans les belles－lettres*，利特曼（Litman）援引，*Le Sublime en France*, Paris, Nizet, 1971, p. 32。

⑤《诗的艺术》，第98—102页。

不要踏寻布雷伯夫的足迹，
甚至是在法萨尔，河岸上堆砌着
“上百座已死的和垂死的哀鸣之山”。
拿出您优美的音调，使用简单的艺术，
崇高而不傲慢，优美而不虚伪。

“崇高而不傲慢”这一建议，似乎是对崇高的一种保留态度，因为这种夸大的文风形式已经超越了理性的界限。事实上，文艺复兴时期发展的批判和审视的精神，在某种程度上说是反修辞的，尤其是反对狂热之情。弗兰西斯·高耶指出“理性”这个词在17世纪具有广泛的意义：“理性意义的缩减源于19世纪美术与科技之间的分裂。”[①] 理性其实是诉求完美：“艺术家在他的创造中会避免臆想的‘虚幻艺术’，因为艺术家有着一种知道应该如何展现事物本质的强烈意识和对艺术的认知。这些灵感绝不是某种先理性和反理性的直觉。相反这些都是理性的最高点，融合于视觉、感知和认知活动中。”理性就是一种情感诉诸，是规则，包括支配修辞格的规则，是一种为了达到完美的需求。修辞格与理性不相悖，修辞格是使之完善的工具。我们在这里看到了理智与理性对立的端倪，理性弱化为严格意义上的实证主义，如果能够大胆地提出有悖于时代的理论：“有一些是非逻辑的推理，还有一些是非逻辑的合理性，然而这些并不是不合理的。”[②] “只可意会不可言传”（le je - ne - sais - quoi）这句话和崇高显示出一种合理性，这种合理性与情感诉诸并不对立，或者说存在着一种合理性的情感诉诸。

（三）贝尔纳·拉米的《修辞学或说话艺术》

如果像贝努瓦·迪迈尔南1675年所说的，奥拉托利会会员贝尔纳·拉米的著作是凭空出现的一声巨雷的话，是因为这是一部与众不同的著作，“他使修辞学成为那个时代炙热的问题”[③]，涉及了语言起源、语言与理性之间关系的问题。著作第一版的标题被简单地定为《说话的艺术》，直到1688年的第三版最终标题才被确定下来。通看全书的结构可以得知

① Francis Goyet, « Raison et sublime chez Boileau », dans *La Littérature et le sublime*, Patrick Marot (dir.), Toulouse, Presses Universitaires du Mirail, 2007, pp. 139 - 160*sq.*

② Michel Meyer, « La période contemporaine », dans *Histoire de la rhétorique*, *op. cit.*, p. 260.

③ *Histoire de la rhétorique*, *op. cit.*, p. 187.

修辞学得到了高度的重视：第一部分讨论了言语行为和语言，第二部分讨论了比喻和修辞格，第三部分讨论了语言的要素，第四部分是关于文体风格的思考。这本著作之后，作者又撰写了一本《具有说服艺术的演讲》。修辞学真正地扩大到了语言学研究范畴："修辞学成为所有与语言相关的学科的一个交集点或者平台，如：语音学、语法、比喻理论和修辞格，同时还有美学、语言的起源、语言结构等等。"① 在这些众多的思考中，修辞格占据着特殊的地位，它与语言理论紧密相连，语言不再仅仅是意识的"描述"，而是一种说服行为："说话是为了让那些倾听我们讲话的人融入我们的感情中。"② 思想意识不仅仅是理性的，同时也取决于感性，可以说思想意识具有两面性：一方面，思想意识和我们觉察及感受到的次要想法相关联；另一方面，思想意识的表达是为了让他人理解。修辞格满足了这种双重需求：理性建构中彰显感性；修辞格和情感密切关联，换言之，也就是说我们对社会产生的情感反应和我们对他人所造成的情感反应。第二卷第七章的标题清晰地表明："情感拥有特殊的语言。用来描述情感特征的称为修辞格。"③ 情感，拉米称为"精神武器"，是修辞格的源泉，情感需要修辞格把它们描述出来。

拉米没有把语言的起源和情感联系在一起。他对语言表达的发展及词类做了专业分析。他对符号、事物之间的关系和思想意识感兴趣："因为话语把精神世界中发生的事情通过符号的形式传达出来，可以说这些话语就像是一幅描绘我们思想的画，语言就是描绘这幅画的画笔，而构成语言的词汇则是这幅画的颜色。"④ 精神思想有三个层面的行为，"我们的感知和我们的思想"，"对我们所感知的作出的评价"及"推理"。⑤ 每个行为都和语言中的词类或句法结构紧密相连。通过这些行为来表述思想所要表达的事物的方式如此之繁，以至于习惯常用词已无法满足。正因为如此，仅限于词的比喻出现了。拉米罗列了他认为最主要的比喻类型。就修辞格而言，它和能描述情感的行为一样数量众多，不胜枚举，因而拉米没有给

① *Histoire de la rhétorique*, *op. cit.*, p. 188.

② Bernard Lamy, *La Rhétorique ou l'Art de parler*, 克斯蒂娜·诺瓦·克洛扎德（Christine Noille - Clauzade）的引言和注释的校勘本，Paris，Champion，1998，p. 103。

③ Ibid., p. 211.

④ Ibid., p. 112.

⑤ Ibid., pp. 148 - 149.

出一个完整的分类和体系。修辞格呈现了不断变换的思想，思想的变化是无穷尽的，修辞格的表象也就是我们今天所说的言语行为，如：威胁、指责、恐惧、恳求、屈服、奉承……修辞格因而不专属于文体风格范畴，拉米又加入了三段论和不同的修辞形式（省略三段论、二难推理和“其他类别的推理”），这些都是立论的原动力。拉米著作的重要性是双重的：他提出了真正的言语行为理论，尽管在此与文章无直接关系；尤其是关于修辞格，他把修辞格和情感结合了起来，此问题在拉米之前从未被明确地阐释过。

（四）卢梭和语言起源的问题

拉米的崇拜者卢梭，在 1781 年出版的《论语言的起源》一书中继续探讨了理性与情感之间的关系。卢梭更加强调激情的重要性，在他看来，是激情促使人讲话：“情感是让人讲话的初始动机，比喻是最初的表达方式。首先产生的是语言的转义，其次才是本义。当我们看到事物真正的表现形式时才会说出事物真实的名称。开始人们仅是在诗学中讨论；很长时间之后人们才意识到此问题。”[①] 卢梭当然也非常清楚，如果一切都是转义，那就意味着什么都不是：“不过，我知道读者会在这里打断我，问我在知道词的本义之前，词义是如何转化的，因为有词义的转换才有修辞格的存在。我承认这一点；但是要领会我说的，就必须用激情所表达的思想去替代转换的词语；因为我们转换的不仅仅是词还有思想，否则，转义的语言就没有任何意义。我举一个例子来解答。”[②] 例子就是：一个野人见到其他野人时非常惊恐。在情感的影响下，他认为他们是巨人，很自然的他就会把这些人称为“巨人”。如果他称他们为“人”的话，错误就不会存在，他也就不会再保留“巨人”这个词去形容他觉得会让他感到吃惊害怕的事物。这就是转义词如何先于本义词产生的，情感会蒙蔽了我们的双眼，情感给我们带来的最初的想法并不是真实的情况。[③] 本义词按照时间先后顺序来说是处于第二位的。维柯在 1725 年的《新科学》中也提出了诗歌语言和比喻的先存性：“我们已经指出所有比喻，我们缩减至四个[④]，都不是作家的精神产物，仅仅是最先的诗人们已经使用过的所需的表达方

① Rousseau, *De l'origine des langues*, Paris, Gallimard, coll. « Quarto », p. 365.

② Ibid., p. 366.

③ Ibid..

④ 四种类型的比喻是隐喻、换喻、提喻和反语。

式。我们已充分地证明了这些语言形式有它们自己原始的和自有的含义。"① 总而言之，比喻起初是本义，在"语法学家"的博采广义夸张之下，比喻一词失去了原有的含义。

卢梭的崇拜者尼采把隐喻列于语言的核心位置：命名建立在隐喻的基础之上，隐喻是一个无法避免的错误，这个错误与"神人同形论"和我们将"直觉隐喻化简为图的能力及概念中影像分解能力"② 相关："比喻难道不是感知赖以所依的无意识推理吗?"③ 认知就是隐喻："没有不含隐喻的本质的表达和本质的认知。对此问题的错误认识依然存在，也就是说，相信感知表达的是真相。最常用的、惯用的隐喻能够反映真实的情况，最罕用的隐喻具有衡量的功能。[……] 认知行为就是运用隐喻的一种行为。"④

（五）杜马塞和《论比喻》

塞斯诺·杜马塞在 1730 年出版的《比喻和其不同含义》⑤ 这本著作中，以语法学家的观点，而非哲学家的观点，把比喻的概念列为他的研究中心。比喻被定义为"赋予词语一个并不是其本身含义的辞格"⑥。这是语义辞格，属于语言辞格，和音韵辞格是一样的，音韵辞格"注重词汇中字母和音节的变化"，句法辞格侧重句法结构，"在一些语言辞格中，词汇保留了它们的原义，比如重复法"⑦。语言辞格不同于思想辞格，思想辞格"只强调思维和感知的特殊方式"⑧。我们已经全面了解。《百科全书》中"修辞格"词条给予了这个词比在《论比喻》中更为广泛的范围，因为《论比喻》把辞格定位在修辞学范畴中。论著否定了所有通过偏离定义

---

① Gimbattista Vico, *La Science nouvelle* (1725)，由克斯蒂娜·特兀勒奏（Christina Trivulzio）从意大利语译出，Paris, Gallimard, coll.《Tel》, 1993, p. 149。

② Friedrich Nietzsche, *Vérité et mensonge au sens extramoral* (1873)，尼尔森·盖斯古埃（Nilsson Gascuel）的译本，Arles, Actes Sud, coll.《Babel》, 1997, p. 18。

③ Friedrich Nietzsche, *Le Livre du philosophe* (1873)，安吉尔·科美·马瑞提（Angèle Kremer-Marietti）翻译和引言，Paris, Garnier-Flammarion, 1997, p. 93。

④ Ibid., pp. 95-96.

⑤ Dumarsais, *DES TROPES ou des différents sens, FIGURE et vingt autres articles de l'Encyclopédie, suivis de L'ABREGE DES TROPES de l'abbé Ducros*，弗朗索瓦兹·杜埃—苏博兰介绍、注释和翻译，Flammarion, 1988 [1730]。

⑥ Ibid., p. 69.

⑦ Ibid., p. 68。重复法被拉米归类于"通过安静意识而随意勾勒的"修辞格中。

⑧ Ibid., p. 67.

的修辞格，因为“修辞格并没有远离自然而平常的说话方式，相反在人类的语言中，没有什么像修辞格是如此自然，平常和普遍”①，除了几个还保留着高雅文风的修辞格，比如拟人法。杜马塞注意到“修辞格”（*figure*）这个词自身也是引申义，因为 figure 这个词的本义意味着“身体的外形”。所有修辞格因而都有一种形态：“首先，修辞格具有适合与所有句子和词汇组合的一般性，依照语法结构谕示含义。”这是非常重要的观点，稍后将对此问题重新探讨，这一观点使修辞格重新回到语言中，并把其放到了中心位置，这完全不是因为在卢梭和维柯的观点中，修辞格是描述情感的，而是因为从理性诉诸层面来看，修辞格没有创造任何位于边缘位置的东西。修辞格有一种特殊性，脱离这种特殊性，修辞格将不存在：修辞格“拥有一种自身特有的变化，依照这一特殊变化，每一个修辞格都有一种特殊类型”②。《百科全书》“修辞格”词条帮助我们了解这些手法不是简单地修辞化。事实上“修辞格”就像修辞学、逻辑学和语法学的一个专有词汇，词条的大部分都致力于呈现修辞学，逻辑辞格和语法辞格相对分量就轻了许多。修辞格与“简单状态”和“原始”相对立，“可以说不是词和句子的重要基础［……］，如同在语法中，不同的语式和动词不同的时态会形成动词不同的解释”③。语态和时态是语法辞格。根据弗朗索瓦兹·杜埃④的理论，句法、简单句或者原始句会和标准句型混淆。比如在倒装句型中，是根据最基本的顺序排列主语—动词—补语而界定的。对于比喻而言，人们谈论的是规范：“规范是语法范畴，呈现话语中使用词语的本义。”⑤ 因而比喻和其他的修辞格不同，尽管比喻的定义指出，比喻是由独立词组成，但区别并不在于此，而在于它词义转换的机制。因此，如果一些给出修辞格的例子涉及小于词的切分单位（格、时态、性等），那么另一些则包含了词的整体，如迂回。杜马塞注重的不是词与意群或者句子的区分，而是在语言层级所起的作用，用现代

---

① Dumarsais, *DES TROPES ou des différents sens*, *FIGURE et vingt autres articles de l' Encyclopédie*, *suivis de L' ABREGE DES TROPES de l' abbé Ducros*，弗朗索瓦兹·杜埃—苏博兰介绍、注释和翻译，Flammarion, 1988［1730］, p. 63。

② Ibid. , p. 65.

③ Ibid. , p. 317.

④ Ibid. , p. 11.

⑤ Ibid. , p. 71.

词汇来说就是音位学和形态学，句法学、词汇和语义学在语言层级上所起的作用。

并非杜马塞无视修辞格，这些特殊的变化有一个独特的用法："这些改变使话语有更多暗示，更加悦耳、有生命力、有活力、更加感人；但这些变化一定是非凡的，有很好的运用。一定要让学生掌握修辞格，修辞格只是情感和自然情理变化的结果，艺术不应当出现于此。"[①] 因而杜马塞没有忘记修辞格和情感之间的联系，但是理性诉诸的构建是他首先感兴趣的。他是一位语法学家，就像他自己在《百科全书》中对此词条作出的解释"文学家，博学家，好的评论家"，具有"公正的判别能力"和"由健全的逻辑和牢固的形而上学理论照耀的具有哲理性的思想意识"[②]。

19 世纪初评论杜马塞的丰塔尼埃也可能自认为是一个具有公正辨别能力的文学家，但是他还有另外一些行为准则。

三 19 世纪：丰塔尼埃的《言语辞格》

我们不能忽视 19 世纪的丰塔尼埃。弗朗索瓦兹·杜埃[③]的研究表明修辞学具有超强的生命力，尤其是在教学中。她推荐的一份由八十个作家所撰写的上百本教程的目录足以令人信服，而丰塔尼埃对辞格的系统介绍以及对杜马塞语法观点的颠覆使其扮演着一个特殊的角色。他在 1818 年出版的《比喻的评述》一书中说道："在那个时代被当作经典的书出现在我面前时，我感觉它在准确性和确切度上还很不完善；在这个作品中，尤其让我感觉缺乏次序和最为必要的方法论。"[④] 翔实的评述促使了 1821 年《比喻研究或词学要素的教程》和 1872 年《比喻外的话语辞格》的诞生。1968 年出版的《话语辞格》由杰拉德·热奈特重编。对于热奈特而言，丰塔尼埃代表传统修辞学的最终成果。对于他来说确实是这样，这个成果是词语辞格的狭义修辞学，在词语辞格中又限于比喻。很多研究表明这个

---

① Dumarsais, *DES TROPES ou des différents sens*, *FIGURE et vingt autres articles de l' Encyclopédie*, *suivis de L' ABREGE DES TROPES de l' abbé Ducros*, 弗朗索瓦兹·杜埃—苏博兰介绍、注释和翻译, Flammarion, 1988 [1730], p. 333。

② Ibid., pp. 359 - 360.

③ Françoise Douay, « La rhétorique en France au XIXe siècle à travers ses pratiques et ses institutions: restauration, renaissance, remise en cause », dans Marc Fumaroli dir., *Histoire de la rhétorique dans l' Europe moderne*, 1450 - 1950, PUF, 1999, pp. 1071 - 1214.

④ Fontanier, *Les Figures du discours*, op. cit., p. 26.

修辞学并没有真正存在过[①]，相反对弗朗索瓦兹·杜埃而言，丰塔尼埃绝不是他那个时代修辞学的代表性人物，他那个时代更侧重研究取材；也不是我们这个时代的代表人物，因为我们这个时代涵盖了论证。[②] 但他对修辞格系统的研究仍然值得我们关注。

对“比喻理论基础”思考之后，教程第一部分着重介绍由单一词构成的比喻，“抑或严格意义上的”（语义辞格），第二部分介绍“由几个词构成的比喻，抑或非严格意义上的”（表达性辞格），第三部分则是描述比喻的使用。同时补充了“一些关于误喻的比较清晰的新观点”，关于修辞格内部比喻的位置以及关于比喻名称的解释。在总结全部因素之前，《比喻外的话语辞格》汇集了句法辞格、词语辞格、文体辞格和思想辞格。书中提到了音韵辞格，但未对其进行分析。这是该著作的整体结构，我们将对其进行详细的评论。丰塔尼埃意识到修辞格整体定义的难度，他把辞格定义为“修辞格是表达思想或感情时或多或少离开简单和通用词语的一些较为出色、较为巧妙的形式或措辞”[③]。所有通过偏离这种方式下的定义都会形成参考准则的问题（与杜马塞不同，不是以体系而是从使用层面来定义的），还可以通过效果下定义：两个主要的原则相互结合，这就解释了比喻为何被分为两种类型：一种是有效果的，可称为修辞格（从情感方面下的定义）；另一种是必需的且构成误喻的（从理性层面下的定义）。下面的辞格划分不是新的，是再次采用了语言辞格和思想辞格的区分，它涉及了一个类别，即“混合辞格”，虽然它未被采纳：“事实上，如此多的修辞格似乎并不是不重视思想而重视表达，又或者是重视表达而不重视思想。”[④]

语言辞格分为音韵辞格、句法辞格和词语辞格，意味着“要有艺术和情趣地对一个韵律精心安排，从而使想法或情感对思想或内心世界产生任何可能的效果”[⑤]，最后还有文体辞格。文体是总的范畴，因为所有修辞

---

① 除了弗朗索瓦兹·杜埃的文章，请参阅安托万·贡巴尼翁（Antoine Compagnon）的《 Laréhabilitation de la rhétorique aux XXe siècle 》, dans *Histoire de la rhétorique dans l'Europe moderne*, *op. cit.*, pp. 1261 – 1282。

② Françoise Douay, 《 Dumarsais, Beauzée, Fontanier: de la grammaire générale aux questions du baccalauréat 》, dans Françoise Douay et Jean – Paul Sermain dir., *Pierre* 《 *Emile* 》 *Fontanier – La rhétorique et ses figures de la Révolution à la Restauration*, Laval, Presses Universitaires de Laval, 2007.

③ *Les Figures du discours*, *op. cit.*, p. 65.

④ Ibid..

⑤ Ibid., p. 323.

格都包含在内，同时也是特殊范畴：文体辞格不展现词的转义，但它为词的描述赋予了色彩。事实上两者的差异可通过不同的词语辞格和文体辞格的内容看出。词语辞格充分调动语言学手段（引申、联诵、同韵等），文体辞格调动的是言语行为、夸张、比较和模仿。或许由于没有采用混合辞格类型，丰塔尼埃很难区分建立在想象、发展和言语行为基础上的思想辞格和文体辞格。

总之，丰塔尼埃的修辞理论把修辞格分为七类两大范畴：比喻和非比喻。在比喻内部，有狭义的比喻或语义辞格，由单一词构成（换喻、提喻、隐喻、轭语法），和广义的比喻或表达性辞格（拟人法、暗示忽略法、缄默加强法）。比喻外的修辞格内部分为音韵辞格、句法辞格（倒装、同位语、省略等）、词语辞格（定语、层递、同义性）和思想辞格。对音韵辞格的分析是在对词语辞格分析的那部分当中，以“同韵辞格”（叠韵法、近音词连用、多叠式发音等）名称分析的。思想辞格被细分为想象辞格（拟人法等）、推理辞格或组合辞格（自喻等）和发展辞格（人物描写、典型形象描写等）。丰塔尼埃已经意识到某些区分的不可靠性，但还是坚持这样划分，因此第六章提到的“比喻外的辞格”，暗含的基本准则是语言现象的语法延伸，这种延伸把比喻分为了两类。是语法延伸形成了词语辞格和文体辞格之间的对立：词语辞格“存在于几个词中，或是句子的一部分，或是复合句的一部分中，而文体辞格存在于完整的句子或复合句构成中，也就是说在思想的完整陈述中”①。

丰塔尼埃详尽体系的本质问题是他不一致的准则。修辞格内部比喻位置的问题表面上看是求助于语法。我们知道传统立场是把修辞和比喻区分开来，事实上这是单独的一个范畴，因为比喻是依托在单一词上。丰塔尼埃不同意此点，基于两方面原因：一方面他认为比喻可以由多个词构成，另一方面，不是所有的比喻都是修辞格。除了狭义的由一个词构成的比喻，他认为“广义的来说，比喻可以由多个词构成”。然而，不同类型比喻的存在不是在语法手段和比喻或多或少的引申中发现其起源的，而是在语言功能中：是用来表达思想的。这就是为什么他著作的第一章是关于“思想与词汇”：“思想是想法的集合，通过话语的思想表达由词汇构成”②。想法（认知或

① *Les Figures du discours*, *op. cit.*, p. 452.

② Ibid., p. 41.

是组成事物的基本概念）和意识（一个或多个观点的表述）区分了由单一词构成的修辞格（用来表达一个观点）和由多个词构成的修辞格（表达一个思想）：由多个词构成的比喻“不像由单个词构成的比喻，不表达一个简单的想法，表达的是思想，思想的呈现或多或少都具有伪装性和婉转性”[①]。表面上看这是语法上的差异，实际上是哲学的差异。“思想之间”的关系（关联、连接和类似）构建了由单一词构成的比喻（换喻、提喻和隐喻），然而是意识思想之间的关系解释了其他方面的问题：假设关系（拟人、讽喻等）、反射关系（夸张、省略加强法等）和对立关系（暗示忽略法、反语等）。所有的关系之所以被联系在一起，是因为比喻建立在迂回的基础上，其外延不超越语法单位（句子）的限定或是修辞学（复合句）的限定。“话语”（*discours*）这个词不能将我们引向文本，它很明显不具备我们今天所赋予它的含义：“在这里‘话语’一词我们应当取其何意呢？［……］它应该被理解为，通过话语思想变得更加明显，思想可通过一个分句、一个句子或一个完整的复合句来表达，但不超越此范围。”[②] 与思想意识对立相连的外延的对立把一些相近的修辞格分离开来，例如暗喻（*pronomination*）和迂回：暗喻不同于迂回，暗喻仅以一个观点为中心，只能替代一个词；迂回以思想为中心，替代的是另一个句子，这个句子可以更短、更直接、更简单[③]。这不是修辞格的延伸，而是它替代的词的延伸，是单一的观点：在暗喻中以“人类的敌人”替代“恶棍”；在迂回中用“伟大的国王朝这儿迈着不可一世的步伐”替代“国王来了”[④]。这种情况下暗喻是词语辞格，而迂回是一种夸张的文体辞格。多样性规则、语法规则和哲学规则的混用使体系变得复杂和不牢固。

另外一个准则适用于误喻，丰塔尼埃在这一点上非常严厉地批判了杜马塞。对于杜马塞而言，按照严谨的语法定义，每一次词义的转变构成了一个比喻和一个修辞格。如果考虑到辞格的效果的话，这仅仅是居于从属地位，而不能被当作定义的准则。丰塔尼埃则完全不同。修辞格设定了一种选择，它不能成为“强制流通”准则：修辞格“无法配上和保留它修辞格的头衔，因为它们的使用是自由的，同时修辞格可以说是不能被语言

① *Les Figures du discours*, *op. cit.*, p. 109.

② Ibid., p. 64.

③ Ibid., p. 326.

④ Ibid., p. 363. 丰塔尼埃评论这个迂回是“很可笑的”。

所强制的"[①]。使它们得以区分的是它们的"效力"、"雅致"和"美丽"。我们不再停留在语法和思想意识的层面，而注重的是文体、美学和用法层面，但杜马塞仍注重体系的研究。对误喻的分析并不专属于丰塔尼埃，在博泽的理论中也可见到，但丰塔尼埃在本义和转义之间增加了第三个义——"引申义"：误喻展示了一个特殊的词义，"第二起源的本义，介于'原始本义'和'转义'之间，根据它的自然属性，更接近原始本义，尽管在准则中它本身也是转义"[②]。词典学中这种区分是值得注意的。对于"延伸"这个词条，《利特雷字典》用语法定义词义："语法用语，一种延伸词的含义的行为，词义引申处在词本义和转义之间的部位。"在解释其他词条时会经常批注 *ext*，比如对法语单词"mou"这个词的其中一个含义解释时，首先"mou"是容易触摸、按压并保持一种黏附状态的，如果引申，可以说"天气又热又潮湿"（Le temps est mou），转义可以说 mou 意味着"不太有精神"（一个无精打采的人 Cet homme est mou）。对于字典来说，并不是很容易界定它的含义，但是分类原则引入了远离最初词义的不同程度的表达。反之，在修辞格分析范畴中，并不是说这第三个词的引入是必需的：丰塔尼埃再一次把这些准则按不同的顺序连接，一个是语法和词汇规则，这使得他区分了词义的几个不同类型；一个是文学规则，真正修辞格的效用和转义的效用，这使得一些比喻，比如误喻，不再是修辞格，然而它们具有语法的特征。从语言学观点看，是什么最终分离了"风车的翼"（非修辞比喻）和"时间的翅膀"（修辞比喻）呢？

引申义的引入是《话语辞格》这本著作的创新点，但是这是以把比喻分裂为两个范畴为代价的：比喻—修辞格和比喻—非修辞格。从表面上看这是语法和语义规则，事实上这属于文体风格的选择和偏离：与惯用法相比，只有当修辞格是自由的、统一的和显著的应用时，它才得以存在。语法（理性诉诸）和文体（人格诉诸）之间的冲突不是新鲜事物，这种冲突也不会是最后一次出现。

四　20 世纪和四种操作模式：劳斯贝格和列日学派

尽管有杰拉德·热奈特的理论，大部分当代修辞学研究远远仅限于修

---

① *Les Figures du discours*, *op. cit.*, p. 65.

② Ibid., p. 213. 同样参阅丰塔尼埃的 *La Clef des étymologies*, Paris, Brunot - Labbé, 1852, pp. 244 - 245，举例词的本义"光线的光芒"，词的转义"真理的光芒"，词的引申义"声音的光芒"。

辞格的研究。对于讲法语的人来说，学科复兴的时间与哈伊姆·佩尔雷曼和露西·奥尔布莱茨—图泰卡出版的《论论辩》紧密相连，著作的标题明确地指明了研究方向，辩论和修辞学的定义进一步肯定了此观点："这个理论的目的是话语技巧的研究，这些技巧可以激发、促使人们接受、赞同我们的观点。"[①] 修辞格是这些技巧的一部分，但它自身并没有任何价值。佩尔雷曼不是语法学家也不是语言学家，他是一个法学家：他只保留修辞格"论证功能"一点儿也不令人惊奇。《论论辩》对修辞格是这样下定义的，"一些走出惯例的表达方式"，并表明"重要的是不要过多地去研究修辞格的整体问题，也不过多地阐明论辩时需要使用的修辞格用于哪儿或如何使用的问题"[②]。所介绍的修辞格目录很长，但不成体系，另外和他的言论"我们不能提前决定，一个被限定的结构是否必须被看作修辞格，也不能提前决定它扮演的是论证性辞格还是文体辞格"[③] 形成矛盾。这是在特殊的背景和情况之下，在没有准则的情况之下，一个词的排列才能成为修辞格。同样按照寓言故事，"三个可恶的女神编织了我们今天的网"这句话，如果这不是说帕尔长[④]的特征而是"替换"这个词的话，这句话才可以说是迂回的手法，"这意味着我们要知道替代词才可以。话语的论证功能在《亚他利雅》诗中非常清晰，因此，第一个可被看作迂回说法[⑤]，用来指代上帝：

那个能够抑制愤怒的波涛的，
也能够制止那些反抗的阴谋。[⑥]

还有两部著作的影响力是不容忽视的，一部是劳斯贝格的《文学修辞学》[⑦]，介绍了限于辞格研究的修辞学，另一部是列日学派的《普通修辞

---

① Ch. Perelman et C. Olbrechts - Tyteca, *Traité de l' argumentation*, *op. cit.*, p. 5.

② Ibid., p. 227.

③ Ibid., p. 229.

④ 帕尔长（Parques）：掌管人类生、死、命运之三女神——译注。

⑤ Pronomination 是丰塔尼埃的术语，在解释时他也引用了此例。

⑥ *Traité de l' argumentation*, *op. cit.*, p. 234.

⑦ Heinrich Lausberg, *Elemente der literarischen Rhetorik*, München, Max Hueber Verlag, 1979. 在缺乏法语译本的情况下，我们参考了意大利语译本，由作家审阅，《修辞学原理》*Elementi di retorica*, Il Mulino, 2002。关于劳斯贝格的评论分析，参阅 Bernard Dupriez, « Les figures de style », *Etudes Françaises*, Vol. 3, n°4, 1967, pp. 414 - 425, 从网址 www.erudit.org. 中获取。

学》。尽管它们有显著的差别，但还是有相同点的，劳斯贝格的观点比列日学派范围广，他们都像丰塔尼埃一样提出了一个详尽的修辞格分类，在描述时都以古希腊罗马时期的四大方法为基础，这四个方法甚至现代语言家也在使用，用今天的术语来说就是：附加、减损、替换、交换。这些也同样是数学和逻辑方法，比如柯里的逻辑学中就运用这些方法。

在德博尔德看来[①]，古希腊罗马时期"添加—缩减—变化—换位"这些术语已经存在。这些方法第一次应用于语言学领域是在《献给赫伦尼厄斯的修辞学》中，其中谈到了某些近音词连用（*adnominatio*），通过"减少或收缩相同的字母"，"延长相同的字母"，"删节"，"增加字母"，"删除字母"，"调换字母的位置"，"变换字母"获得："所有这些都是近音词连用，近音词连用由限定变换构成，由延长，对调字母或几个相似的字母的更改构成。"[②] 它们起源于古希腊时期。德博尔德注明它们在亚里士多德的《物理学》一书中被使用，德博尔德也寻思着这是否是借助于对文字的操作。这个纲要或许起源于斯多葛派。它可应用于拼写、词源、不规范语言、句法错误和修辞格，但这个纲要并未涉及全部，例如昆提利安[③]认为纲要只对语法辞格起作用，也就是说，在普通话语中，语法辞格形成了语法错误。似乎是希腊晚期演说家大瓦巴盟（公元6世纪）运用这些方法对全部修辞格进行了分类，包括了思想辞格。

劳斯贝格在他1949年的著作《文学修辞》的第一版中重新提出了此种方法，他把建立在单一词基础上的修饰性词语——同义词和比喻——与建立在多个词基础上的——修辞格进行了区分，修辞格与布局谋篇紧密相连，《文学修辞》专门对此做了解释："修辞格是布局谋篇的一种隶属现象，这一现象对取材和演讲原始素材赋予了形式。"[④] 因而我们区分了原本属于取材的思想辞格和直接取决于演说的语言辞格[⑤]，我们将会重新讨

---

① Françoise Desbordes, « Le schéma "addition, soustraction, mutation, métathèse" dans les textes anciens », *Histoire Epistémologie Langage*, Vol. 5, fasc. 1, 1983, pp. 23 – 30.

② *Rhétorique à Hérennius*, *op. cit.*, Ⅳ, 29, p. 165: *Hae sont adnominationes quae in litterarum brevi commutatione aut productione aut transiectione aut aliquo hujusmodi genere versantur.*

③ *Institution Oratoire*, Ⅺ, 3, 27.

④ Lausberg, *Elementi di retorica*, *op. cit.*, p. 130: « *Le figure sono un fenomeno della dispositio, che dà forma al materiale grezzo della inventio et della elocutio. Vengono così distinte le figure di pensiero, che originariamente appartengono alla invention, dalle figure di parole, che dipendono direttamente dalla elocutio.* ».

⑤ Ibid., p. 110.

论辞格和修辞学其他要素之间关系的问题，在此我们仅介绍劳斯贝格所说的修辞格依赖的语言机制问题。所有的辞格都是按照所采用的操作模式进行分类的：附加（*per adjectionem*）、减损（*per detractationem*）、替换（*per ordinem*），思想辞格还包含交换（*per immutationem*）。在语言辞格中，夸张是以附加为基础，省略是通过消除，词序倒置是通过对调。在思想辞格中，添加在叠用中体现，减损在暗示中体现，顺序排列在插入语中体现，替换在某些代用词中体现。

劳斯贝格没有否认这个纲要的古老性："这些概念和这些词语都是传统的。"[①] 所有的比喻都属于替换（*immutatio*），但是比喻有两种类型：由一个词构成的比喻，它没有被列入修辞格，（因此没有通过替换的语言辞格）因为它们需要词语的排列；另一类属于思想辞格，就像譬喻或反语。在这两种情况下，比喻的类别是按照领域间的关系和远近的替换范畴而划分的。隐喻包括两个不同的范畴以及从一个范畴到另一个范畴的转换（*salto*），而提喻是在同一范畴内进行的（在该范畴内的概念性内容）。劳斯贝格提出了一个似乎很简单的体系，虽然基本操作模式仅仅是四个，它们的普遍性会使辞格的细分变得异常复杂。从教育的完整性来看，它同样破坏了整体，就像在丰塔尼埃理论出现过的情况，往往会使人忘记分类学最初的严谨。著作的价值在于它所做的分析和它对每个比喻和辞格所举的范例，而不在于本身的分类。

同样的困难也存在于列日学派的《普遍修辞学》中。对于学派中的成员来说，这意味着创立一个"语言特殊用法理论"。必须说的是，他们的著作始于"文学性"研究众多的时期。这些都围绕两个观点：一个是语言学，另一个是文体学：人们所面临的是"把新观点、结构学和自然语言融入传统的文体风格和修辞格中"[②] 的问题。尤其在以情感为中心的章节中，遗憾的是与"亚里士多德所命名的情感（παθos）"一样，只侧重了效果和价值这两个层面。第二部分非常短，因为它仅仅只是展现了在这个领域的"初次涉足"，具体来说这个初次涉足是把修辞格和受话者与文本结合起来。整本著作中，为了界定和归类修辞格，主要保留的是语言学和

---

① *Elementi di retorica*, *op. cit.*, p. 3：« *Concetti e termini sono tradizionali.* ».

② Michel Meyer, « La période contemporaine », dans M. Meyer (dir.), *Histoire de la rhétorique*, *op. cit.*, p. 284.

结构学的规则，然而实际的理论基础是偏离文体理论："修辞就是伴随着自我改正的偏离的集合体。换言之，修辞就是以侵犯规则，或者制造新规则等方法，来改变语言的冗余性的常态之准则的一种手法。"[①] 语言的概念作为分析的论据主要是为语言交流服务的，如果诗歌语言——在这一语言中，修辞格尤为重要——构成了偏离，首先是因为"作为交流行为它失去了资格"[②]。还有就是列日学派处在他们时代的思潮，当时流行的是信息论。

首先，任何一个辞格都涉及对偏离和采用的操作模式的描述，其次是形式特征的描述，然后是常量的描述，即对于"零度"而言，没有任何改变的这一部分。如果"零度"从句法层面被定义为"完成的最短句子"，如果它代表体系内部的明确规则，那么从语义层面则不容易突出它：所谓的"用不规则要素代替话语中本有的元素"[③]，就是把这个问题转嫁到了词语本义界定的问题上[④]。著名的四种操作模式被用来定义偏离：附加、减损、添加—删除（在这里我们可以看到劳斯贝格的替换理论）和交换。这些方法并不是特殊的修辞法，这也正是它们的一个优势，因为修辞学不是单独的语言理论，就像劳斯贝格的观点，它们极强的普遍性需要对其特征不断规范，这比它们的普遍性更为重要。根据操作模式的运用，修辞格被分为相当于音韵辞格的语形辞格（语言学家和古希腊演说家所使用的词汇），相当于句法辞格的语法辞格，相当于比喻的语义辞格，在这里比喻被列入辞格范畴内，以及相当于思想辞格的逻辑辞格。我们知道隐喻的分析是建立在"两个基本操作模式相结合的基础之上的：就是义子的增加和删减"[⑤]，如同两个提喻法使用的结果。夸张和反衬被归类于逻辑辞格中，是因为两者都建立在附加的基础之上，夸张很明显，但反衬就有所争议，因为反衬表现为重复的一种特殊状况并具有"夸张的特性"[⑥]。因而我们认为，即使分类原则是明确的话，但对于修辞格所使用的操作模式也经常是有争议的。

如果《普通修辞学》中的分类和操作模式经常体现传统的分类和操作

---

① Groupeμ, *Rhétorique générale*, Larousse, 1968, p. 45.

② Ibid., p. 21.

③ Ibid., p. 92.

④ Ibid., p. 59.

⑤ *Rhétorique générale*, *op. cit.*, p. 106.

⑥ Ibid., p. 136.

模式，并随时会引起争议的话，那么《普通修辞学》的新颖之处究竟是什么呢？和劳斯贝格相比就会看出：是语言分析的系统化，还提出了一个假设或暗含的假设，即句子的所有语级都从属于一个相同的组织结构。元义素尤为明显，“用一个义素替换另一个义素”①。每个义素——或词——可被分解为义子，按照结构语义学的假设，所指和能指所接受的操作模式是一样的。系统性是列日学派体系的核心，然而在今天，语义学通过其他方式借助的这个系统性正是它的薄弱点。总而言之，著作兼并了两种类型的难题：建立在有争议的假设上的结构语义学分析和建立在难以准确界定的偏离上的文体分析。为了突出作为辞格理论基础的机制，还要考虑到文本中对效果的评价，这大部分属于主观的和经常不协调的规则的问题，而这个机制内部很复杂，如同换喻和提喻之间区分的争论一样。换言之，丰塔尼埃和列日学派的理论中并未区分语言（系统、理性）和话语（有效的陈述、人格和情感），而这种混合使分析变得不牢固。并不是说分析只限于理性的分析，而是说修辞学现象过渡到其他构成要素的过程需要明确阐述。尽管操作模式似乎能适用于整个修辞学范畴，但几乎只对修辞格有效，解释普通修辞学的例子是有限的，尤其是这些操作模式没有依据只有方法论，依据问题尚未被提出。为什么最终还是求助这些操作模式，而不借用相似的、具有关联性的传统观点或其他理论呢？

五　问题学

米歇尔·梅耶的问题学亦求助于这些操作模式，但是把它们列入了更广的范畴，同时考虑到了人性、理性和情感之间的关联。问题学中修辞学的定义是：“修辞学是围绕一定问题个体间距离的协商。”② 真正的普通修辞学被提出，是以协商为中心，理性反映了人类关系的问题性：“每当我们谈论，每当我们使用普通的语言，一个问题总是在我们的头脑中形成。我们交流这个问题的答案，即便我们认为问题涉及对话者。如果我们估计对话者能带来答案，我们可以向他询问答案。所有这些都是思想意识的最基本的两方面，就像语言，是叩问——回答之间的不同，也被称为问题学差异。”③

---

① *Rhétorique générale*, *op. cit.*, p. 92.

② *Histoire de la rhétorique*, *op. cit.*, p. 293.

③ Ibid., p. 309.

“形式”很重要，尤其是当情境、“语境”无法让人清晰地看到所涉及的问题时。理性诉诸表示一个叩问或否定，当它表面上似乎带来清晰的答案时，它本质上是修辞学范畴的，是在表现出让人信服的担忧的情况之外的：“理性的修辞范畴来自考虑他人问题以及给出这些问题答案的担忧。”[①] 这个层面表明“没有首要要素，就没有语言——偏离，相对其而言可以进行本义或转义的选择”[②]。理性总是对它所指出的二分化，超越明晰的事物，不对已说的而是对未说的进行提问：“形象性同‘另一个答案’体现在问题答案的明确化之上。”[③] 换言之，不存在本义和转义的区分[④]，但是按照所属体裁，所涉及的问题，在文本中形成差异：比如随着话语的晦涩难懂，形象性不断增强，如果用古典修辞学理论来看，形象性可以通过独特的风貌、辞格体现出来，但是无法具有完整的列表以及详尽的分类。它们在文本中的身份也是一个问题，因为这取决于演说家与听众或作家与读者的关系：“问题不可避免地会突然再次出现，虽然与将演说者和观众联系在一起的文学性之间的反差就是叩问，但叩问同时也会引出听众对所给出答案的质疑。”[⑤]

出于方便的原则，米歇尔·梅耶重新采用了修辞格的传统分类，但这是为了强调两个观点。第一个观点在于形象性和叩问之间的联系。从文体的优雅角度来说，修辞格经常“吞”下问题，消除问题：“就语言辞格而言，在于突出问题中没有可疑的问题，就像为了消除这个问题，同时不断地重复指明它不会造成任何问题。”[⑥] 修辞格因此就可分段排列，从音韵辞格到思想辞格，从仅仅通过形态展示，不精心构思的辞格，到直接涉及对方关系的辞格，从问题性不强的辞格到问题性强的辞格，修辞格代替了对这些问题的回答，因此它的重要性不断增加。多亏了修辞格，“问题才能更好地被排除，甚至是被删除，短暂经过，很快解决，因为问题将不再存在”[⑦]。或许是因为修辞格通过自己引起注意，把叩问引向关于语言的

① Michel Meyer, *De la problématologie*, *op. cit.*, p. 221.

② Ibid., p. 241.

③ Ibid..

④ Jean Molino, Françoise Soublin, Joëlle Tamine, « Problèmes de la métaphore », *La Métaphore*, *Langages*, n°54, juin 1979, p. 38：“本义与转义之间的对立不是给予的而是构建的。”

⑤ *Histoire de la rhétorique*, *op. cit.*, p. 325.

⑥ *Principia Rhetorica*, *op. cit.*, p. 132.

⑦ Ibid., p. 140（原著页码）。

问题，从而损害了主要的问题。同样辞格是迂回，因为它转移了这个问题的真实性。圣茹斯特[①]在《路易十六的审判词》中，用隐喻的方式断言路易是罪犯，圣茹斯特就对已提出的判决是否合适这个问题给出了答案。在他简洁的话语中，比喻就预示了结果。

米歇尔·梅耶坚持的第二个观点是修辞格与位置以及论据之间的关系，他指出了操作模式的普遍性，操作模式归结为包含人性、理性和情感的最为基本的机制："一个论据的构建总是通过个体之间的距离的协调而实现的，要么就问题本身提出问题，要么问题通过问题被提出，要么在人性——情感关系的基础上，从而创建与他人以及价值的同一性，或者让他人回到那些反对抛弃一些价值的人的阵营。"[②] 列日学派和劳斯贝格所提出的四个操作模式只能简单地"调整"一致性和差异性。这不再是简单的方法论式操作模式，而是一种调控交谈者之间距离，缩减或增加距离的方法："这些基础操作模式呈现了回答模式，因而是对处理修辞问题恰当性的肯定。"[③]

通过这个快速的介绍，几个分歧点在不同的概念中体现了出来，这些不同的概念或许能让我们另辟蹊径。基本观点或许是功能问题甚至是"形象性"问题，涉及了被大部分著作所接纳的偏离理论的争议问题，这意味着要知道标准及可视性问题的界定，而这个可视性问题解释了语言辞格和思想辞格之间的区别，因为只有语言辞格可在语言素材中定位。另一点是比喻和辞格的关系，以及外延问题：由单一词构成的比喻经常被排除在修辞格之外，是因为辞格涉及词语的排列，而由几个词构成的比喻的存在会使分类复杂化。这都是语言学的问题，但更深入的问题存在于在这些不同方法的后面，都是关于理性本质以及其功能概念对立的问题——思想的表征，情感的表达，交流的工具——这些首先都是哲学问题。现在要探讨的就是修辞学历史还没有解决的这些问题。

---

① Saint-Just，法国大革命时期国民会议议员——译注。

② *Principia Rhetorica*, *op. cit.*, p. 109（原著页码）。

③ « Pour une théorie générale des figures », *op. cit.*, pp. 20-21.

第四章

辞位的形态

修辞概念的历史表明了某些困难的持久性。修辞格尤其不适宜自我界定，其界定几乎总是和非辞格相连，除了如卢梭和维高等几个哲学家，辞格对于其他学家来说是一种初始状态。辞格/非辞格这对概念因而呈现出了一种不平衡性，因为非辞格，尤其是在转义中，是区别于辞格的标志，但不仅仅局限于转义范畴。在修辞本质的特殊问题之外，这归根结底是一些语言概念的问题，也是语言与人以及语言与世界关系的问题。修辞格使思想形象化，增强了可视性以及抽象语言的感知性。难道不应该针对辞格的晦涩性和问题性进行研究，从而去更好地了解其本质，也就是说对语言本身某些特征进行研究吗？在语言内部，修辞格也许并不像它的一些主要定义所暗示的那样，是居于次要地位的。

一　规则与偏离

说到偏离，首先要谈到人们常常称作“规则”或“代码”的表指零度。“我们清楚地知道语言学中通常所称的规则就是言语行为规定的运用”①，因此一本旨在言此的合集便出现了。随后的一些文章指出的规则的定义还远远没有明确。然而我们看到的规则和偏离这对概念总是被冠以各种名称出现在修辞学中。它具有和事实相关联的两种不同形态，一种偏向于语言学，另一种偏向于哲学，因为偏离的语言学概念又回到了语言以及语言和世界关系的概念问题上。第一种形态是在语言系统或运用中确定

---

① Gilles Siouffi et Agnès Steuckardt, « Présentation », dans *Les Linguistes et la norme. Aspects normatifs du discours linguistique*, Gilles Siouffi et Agnès Steuckardt (dir.), Berne, Peter Lang, 2007, p. VIII

规则的，第二种形态通过理性来界定，同时引入了人的概念，而不是仅限于理性的概念。这就表明规则远远不是规则的简单运用，它值得更仔细地去分析。

（一）语法规则

自从语言学成为一门客观的学科，规则问题便引发了众多的评论。人们将其等同于备受争议的规定的应用，这种应用很难和新科学要求的观察力协调并存，然而在描述中这是必不可少的。此处问题不在于深究这种或那种态度的依据，也不在于规定或者描述，或者从社会语言学方面思考，当要学说一口标准正确的书本上学来的法语或文学性法语时，社会制度是如何对其定义的，重要的只在于考虑它曾经扮演并在修辞学分析中继续扮演的角色。

正如让·克洛德·米勒内所强调的，整个语法活动意味着将看起来可能的与不可能的割裂开来，不管是何种缘由导致消除这样或那样的话语。语法建立在不同判断的基础之上，“这个这样说”或“这个不这样说”，然后很容易过渡到语式的判断上，“这个不应该说”，规则就得以介入。因而判断是依据道德的[①]。对于米勒内来说，语法无论是规定性的还是描述性的，都是以这种划分为依据的，这就意味着语言的可能性——可以说的，和实际的可能性——事实上说的——并不总是相同的。从这个观点出发，语法和区分“事实问题”与“权力问题”[②] 的法则有联系。和法律的这种关联，弗朗索瓦兹·亨利·劳尔斯瑞在谈论古典语法和新古典主义语法时，对此进行了阐述，指出“把这些语法理论当做法律理论来研究会更好”[③]。从更广义的角度来看，可以在现代语法和法律之间做类比：语言系统符合确定基本的教义理论主体的法规，也符合以事实为支撑的法律原则，事实会经常引出一些特殊的、无法预料的问题，从而不得不求助于规定、用法及其特点。其实很明显，一方面，语言在规则中的极限并不总是被挖掘出来，另一方面用法又不时会形成规则之外的形式。可以以兰波的《巴黎战歌》为例：

---

① Jean – Claude Milner, *Introduction à une science du langage*, Paris, Le Seuil, 1995, p. 58.

② Ibid. , p. 89.

③ Françoise Henry – Lorcerie, « Rationalité juridique et grammaire classique », *Droit et Société*, 10 – 1988, p. 483.

我们再不能寻欢作乐
当雕琢的黄石
从我们的巢穴崩塌
在那些难忘的黎明！

"来崩塌"（arriver crouler）这个结构不管是如何的出人意料，却不是一种偏离，但是对于位移动词的格式的使用，可以像一个语式助动词后接动词不定式一样构建[①]。语言的这种用法的可能性只局限于几个词，"来"、"跑"、"上"、"下"，兰波只是将其扩展了。应该区分规则（语言的可能性）和规则的应用领域（现实的可能性）。这种规则在派生词里尤为明显。根据事物名词本身或其所从事的活动（花园——园丁，铅——铅工）来创造职业名词是可能的，那么我们为什么不能像一个孩子曾经做过的那样，借用类似原理，根据"垃圾桶"（poubelle）创造出"倒垃圾的人"（poubellier）呢？对于作家、孩子或一门外语的使用者来说，总是能够扩展这些规则的应用领域，使现实可能性接近于语言的可能性，但是它们从不是完全吻合的，运用中会出现语言系统所不能预料的被称为"例外的形式"（为什么是 vous dites 而不是 vous disez）或错误（c'est nous qu'on l'a fait）[②]。对这两个方面的区分是有必要的。

在修辞格的分析中，借助于体系是很罕见的，杜马塞的理论是一个例外，因为在他看来，辞格和简单结构在使用中是一样的。辞格不是通过偏离来自我界定而是根据它的特性："辞格是通过一种特殊的改变来区别于其他表达方式的表达方式，这种特殊的改变能使每种辞格单独成类，而且使辞格比不用特殊改变而表达同样思想本质的说法更生动、更高雅或者更悦人。"[③] 弗朗索瓦兹·杜埃这样评论这个定义："在杜马塞的思想里首要的两个特点［……］是语法的一面——使每种辞格都变得和其他辞格相反的'形式特征'，和修辞的一面——给听众产生一种被布瓦洛称为听众欢呼的可观察到的'效果'。"[④] 词语的冲突，作为一种修饰，不是一种偏

① 参阅 Joëlle Gardes Tamine, *La Grammaire* (1990), t. 2, *Syntaxe*, Paris, Armand Colin, 2010, p. 55。

② "这是我们做的"这句话按语法规则应该是"C'est nous qui l'avons fait"——译注。

③ Dumarsais, *Des Tropes*, *op. cit.*, p. 67.

④ Ibid., p. 243.

离，而是一种区别，一种不包含等级的特性，简单句和修辞格在运用中身份相同，前者没有被赋予任何优越性，只是在系统中自我界定。我们可以从《百科全书》“修辞格”的这一词条中“词序倒置”（*hyperbate*）一词的定义得到例证：“根据简单结构，脱离词语关系的连续顺序时：比如根据简单结构，没有一个词置于关联词之后。［……］著名的《堂吉诃德》这本书就以倒装开始：‘在西班牙有一个叫拉芒什的地区，不久前住着一位绅士……’结构本应该是：‘一位绅士住在……’”①

事实上什么才是简单结构呢？杜马塞结合法律，通过类比来解释，这并不会令人惊讶，“请允许我将简单结构比作普通法，将修辞法比作特权法。精明的法学家将特权归于普通法的高级法规，而视立法者应该改革的不能成为法律的特权为滥用”②。普通法及其法规就是基本句法，它遵循一种层级关系，根据这个关系，被限定词（主语）先于限定词（动词）和限定词的限定词（状语）③。任何不是简单句型的结构，即符合句法的结构，都是一种辞格，这在运用中得到了证实。弗朗索瓦兹·杜埃说，简单结构就是“标准”：各种各样的结构都符合标准句法，其中一些是简单句型，因为它们再现了标准句法。但是基本上来说，辞格不是在偏离和简单结构的比较中得以界定，即使这是人们能观察到的，辞格是在简单句型的改变中界定的。这清楚地体现在对省略的处理上，《百科全书》“结构”一词的词条中写道：“省略，就是空缺、缺少、撤销；发生在当把句子缩减成简单结构时所需要的词未被表达时，然而这个词却是句中另一词改变的唯一缘由。”再参看“修辞格”这一词条：“省略就是删减一些可使句子丰满必不可少的词语。”形象化的语言被认为是一种“理想的形式”④，简单的或完整的，例如“指控盗窃”（*accusare furti*），就是“指控盗窃罪”（*accusare de crimine furti*）。或更简单地，“你去哪儿？［我去］电影院”。这并不意味着要考虑句子重构的原则，重构在问答形式中运用自如，

---

① Dumarsais, *Des Tropes*, *op. cit.*, p. 323.

② Dumarsais, *Les Véritables Principes de la Grammaire* (1729—1756)，弗朗索瓦兹·杜埃—苏博兰收集整理，« Corpus des Œuvres de Philosophie en langue Française », Paris, Arthème Fayard, 1987, pp. 422 -423。

③ Ibid., p. 11.

④ Françoise Soublin [Douay], « Ellipse et attraction chez Dumarsais », *Histoire Epistémologie Langage*, Vol. 5, n°1, 1983, p. 88.

而在“盗窃”的所有格一例中则不确定，但是应该注意到话语恢复到标准结构，与标准结构相比话语可以通过在修辞学中的操作模式来阐释，比如在语法方面当我们想产生某种效果时（“这种删减［……］缩短了话语，也使其变得更生动、更高雅”①）。应当对从标准到转义的过程再次讨论，只有从这种使修辞格有了规则、系统化的操作模式支撑的观点出发，修辞格的分析才能更加深远。

在修辞学的论著中，标准常常不是由法则来规定的，即使这个词在使用，标准是在先例中或在习惯用法中得以界定的。“话语辞格是特征、形式或比较显著的技巧，由此，出于一种悦人的效果，在想法、思想或是情感表达中话语或多或少偏离了简单而普通的表达”②，丰塔尼埃的这个定义表面上和杜马塞的效应手段相似——这个定义是从修辞学层面下的——对“简单”表达的阐释也是相似的，只有“普通”这个术语不属于系统而属于习惯用法。“普通表达”意味着所有人都可以使用，换言之，即“俗语”，就像后文中指出的一样。杜马塞早就批评了这种定义，并且说“一天之内从集市到市场就可以形成众多的修辞格，可是很多天的学术会议上却形成不了修辞格”③。

指代的使用除了在普通表达和俗语中可见，在其他地方也可见到。我们知道让·高昂在科学用语中找到了与诗歌语言相对的零度。一直致力于文学性的列日学派，通过文学语言的例子来描述特殊用法，并也转向了科学用语。他力图不通过与“日常”用语，或“俗语”，或“普通人”④的语言比较来定义文学语言，而是和一种接近于科学用语的理想用法对比，因为这种交流更直接。指代规则似乎以范例模式脱离了习惯用法，然而又以某一类语言为支撑重新回归惯用法：指代规则不属于这个系统，也不追求“语言的现实性”。

（二）深层理论

列日学派借助了交流功能，并且认为诗歌语言中所表现的“语言分解的最终结果”是诗歌语言“无法成为交流行为”⑤，这其实是把偏离概念

① 《百科全书》“省略”词条。列日称此为“删减”。

② *Les Figures du discours*, *op. cit.*, p. 64.

③ *Des Tropes*, *op. cit.*, p. 63.

④ *Rhétorique générale*, *op. cit.*, p. 17.

⑤ Ibid., p. 19.

和辞格的定义与信息工具的语言理论联系在了一起。总之，零度是理想化的，它提供了直接、“快速、无歧义”[1] 的交流。马克·伯挠姆在他的关于辞格的著作中拒绝通过偏离来定义辞格，他通过“显著性”来分析辞格：“一个辞格的使用就意味着产生了一个显著的结构（不是像偏离理论所说的不符合语法规则的或异常的），结构的显著性是通过某些话语序列中语言实体的深奥性体现的。”[2] 除此之外，显著性也可通过交流来界定：“归根结底，运用辞格就是启动了话语模式，使语言某些变化模型化，从而增强交流的合理性。”[3] 表面上来看，伯挠姆与列日学派不同，但他却同意是合理交流界定了正确用法和话语的有效性。规则或指代并不是完全的语法化，而更倾向于理想化，与规则相比，应当把辞格置于语境中：规则不属于语言理论而属于言语行为概念和人的理念范畴。

这就是以某种方式重新找到理性与激情，理性与人格之间的冲突。如果人类首先是一种理性的生物，辞格所产生的修辞性与直接交流和明显的话语相比，无论我们冠以这种类型的话语何种名称，辞格看起来可能是异常的或至少是明显的。但是如果人类是一种激情动物，那么修辞格就是标准，理性的话语只能退居次要地位，会受到一系列的约束和调整。18 世纪和 19 世纪，激情占主导地位，尽管 20 世纪和 21 世纪实证主义不断受到质疑，认识论专家对科学地位产生疑虑，但修辞学的分析依然是建立在理性主体基础之上的。否则如何去相信直接交流的存在？一种是通过内在评论重建语言体系，这种内在评论不属于人类的理念，而仅仅是一门学科，就像表征语言；另一种是认为法则或者正确的用法是由理念保证的。这存在于大部分辞格概念中。

杜马塞也是理性主义哲学家，他将属于这个体系的句法和精神与物质的自然法则联系起来。世界上不同语言使用的差异性之外，“只有一种相同的必要的方法能够利用词汇形成一定的意义”[4]。这种方法“顺从自然，我的意思是，它根据头脑所想象东西的状态说出词语”[5] 是很正常的。

---

① *Rhétorique générale*, *op. cit.*, p. 21.

② Marc Bonhomme, *Pragmatique des figures du discours*, *op. cit.*, p. 39.

③ Ibid., p. 41.

④ *Dumarsais*, *Logique et principes de grammaire*, t. 1, Paris, Moutardier, 1807, p. 150.

⑤ Ibid., p. 155.

“自然和理性”事实上告诉我们存在先于定性，因此“事物的状态要求我们从命名事物开始”①。说话者的理性被清楚表明，一般是理性指挥着话语，尤其是词语的顺序。我们知道，杜马塞、博泽和巴托之间围绕这个话题的争论②：对于巴托神父来说，如果“语法规则”的基础，形而上学法则符合杜马塞观点的话，那么在说话者眼中“词语的自然排列顺序是由事物的重要性决定的”③，而且它指引着“话语”。在巴托“研究杜马塞先生关于话语结构”的那章已经清楚地不再把自然和理性同一化，而是和“激情、想象力的爆发、优雅与和谐”④相连，不再和理性诉诸相等同，而是和情感诉诸相连。这里不是探讨词序问题的地方，但是对于几种修辞格来说这也是参考的标准，在此指出不无裨益。应该强调的是哲学观念结构和所指概念结构之间的依附性。

这种暗含的依附性存在于很多当代理论中，它们把修辞格和陈述及主体性连接起来。《法语》杂志致力于“修辞和观点”的研究，我们可以以杂志中一篇关于曲言法和委婉的定义的文章为例，在该篇文章中修辞格是“从陈述情况的角度被提及的，这种陈述情况就是说话者对话语内容的评价，赋予论证感情色彩和价值”⑤，当然这不是从偏离的角度，而是从陈述的角度分析的。在分析的细节中，两种比喻就像格赖斯所说的，是“违反数量准则”的：“委婉省掉了认知能‘立即’将这些所指重建的信息。”⑥然而像格赖斯界定的其他三个公理即质量公理、中肯性公理和清晰公理一样，或者在别一视野里，安德烈·马尔蒂奈使用功能语言学的经济概念一样，这种数量公理如若不表示对主导人们行为或应该主导人们行为之某种理性的信仰，又表示什么呢？标准在此和道德的本质相同，就像西尔万·奥户所支持的质量准则一样：“从某个方面看，人们认为这种准

---

① *Dumarsais*, *Logique et principes de grammaire*, t. 1, Paris, Moutardier, 1807, p. 156.

② 参阅 *La leçon de lecture*，巴托神父文集，由索尼娅·布兰卡·罗索夫（Sonia Branca - Rosoff），整理介绍，Les Cendres, 1990。

③ Ibid., p. 126.

④ Ibid., p. 140.

⑤ Anna Jaubert, « Dire et plus ou moins dire. Analyse pragmatique de l'euphémisme et de la litote », *Langue Française* 160, *op. cit.*, p. 105.

⑥ Ibid., p. 111. 克里斯汀·普朗坦（Christian Plantin）也是以这种方式来界定修辞格的："修辞格违反了格赖斯的准则、质量准则、合理性数量准则；用克林肯伯格的话来说，修辞格是‘不合理的’"（« Un lieu pour les figures dans la théorie de l'argumentation », *Argumentation et analyse du discours*, revue électronique du groupe ADARR, n° 2, 2009, *Rhétorique et argumentation*, 18）。

则只是禁止谎言的道德规范。格赖斯的观点是把道德规范——在某种社会环境中有效的——当成语言表达的技术条件的。”[①] 这些条件只在表面上是技术，最终它取决于人类纯洁的观念，人类被假定为是道德的和理性的。

然而，应该区别几种类型的理性。第一种是精神分析家或者演说家的理性，他们和语法学家[②]一样，用最有条理和尽可能严谨的方法，根据科学程序的严格要求组织言语活动（就像往返车一样，由已知条件到理论，再由理论回到已知条件，最终得到证实）。但是这种理性不能被用于物体分析，可是我们能够赋予逻辑某种形式的理性：不是因为存在比其他语言更具有逻辑性的语言，比如臆断。作为笛卡尔语言的法语大概就比意大利语更具有逻辑性，在意大利语中，表现性可能居于主导地位。但是逻辑理性与情感和理智的重要地位几乎没有什么关系，它仅和语言事实有关，语言并不是通过条理性不强而展现它的任意性，不管语法学家对其描述的方式如何，语言都呈现出某些结构。语言学家认为不同的表征语言都以理性为前提：语言不是混乱且无秩序可言的，在语法学家们类推——异常[③]的争论中，应该采用一种折中的方式，除了规则，也要承认例外和趋势的存在。习惯用法也许不是理性的，但是语言凭着它的灵活性却是如此，这种灵活性使这个方法和我们谈论过的这些特性的外延成为可能。

最后还有一种理性，就是分析家常常认为符合逻辑的说话主体的理性，但这种逻辑性仅仅是方法论范畴的。经济往往构建了主体的理性，主体需要遵从合理的经济必要性，因而在经济学领域看这个问题则会更加清楚。让·马迪奥认为，这个假设“将经济学领域局限在一个双重的意义里：分离了一些人类的行为（其他的人类行为研究则留给别的人文科学领域，尤其是心理学和社会学）；采用一种能够使其看起来理性化的经济对象的严密的结构”[④]。在语言学领域，会话准则同样涉及对话者遵守道德

---

① Sylvain Auroux, *La Raison, le langage et les normes*, Paris, PUF, 1998, p. 285。注释中，奥户特别强调了“会话规则被夸大为‘会话逻辑’，任何人一下就能看出这缺乏独特性”，并且他举例补充道，“对于人类的自由来说，很幸运的是在地铁里莎姬跟老妇人说话时不用再尊重她们了”。

② Ibid. , p. 19.

③ 参阅 Françoise Douay, « Analogie/anomalie. Reflet de nos querelles dans un miroir antique », dans C. Vandeloise (dir.), *La Sémantique cognitive*, *Communications*, n° 53, mai 1991。

④ Jean Mathiot, « Remarques sur l' hypothèse de rationalité en économie politique », dans Joëlle Proust et Elisabeth Schwart (dir.), *La Connaissance philosophique. Essais sur l' œuvre de Gilles – Gaston Granger*, Paris, PUF, 1995, p. 299.

和理性的必要性，这种理性的和道德的必要性使他们选择了合作而非欺诈。准则赋予参与者——说话者——一种尚未被证明的理性[①]。

人类既是感情动物又是激情动物，神经系统科学强调的就是这一点。安东尼奥·R. 达马西奥在《笛卡尔的错误》[②] 里对指挥推理的神经机能很感兴趣。对缺失情感病人的观察让他了解到，为了推理和决策，仅有完整的智力能力是不够的。由此可见，"情绪的表达和感知是推理能力机能不可或缺的部分"[③]。论证或参加一场论辩意味着在众多价值中的选择，是一个不明显的纯理性的选择。如果没有个人情感的介入，一切决定都是不可能的。心理学和精神分析还揭示了人类充满缺陷，主体的统一是一种假象。例如，19 世纪上半叶的小说家普鲁斯特和弗吉尼亚·伍尔夫就刻画过一些有分歧的个体，分裂而混乱的自我，在语言学领域中，这就是多语性问题。陈述的主体不具有像经典人物一样让人放心的稳定关系，一方面，他要承担众多的角色，社会角色、家庭角色、个人角色；另一方面，在话语中他要考虑和纳入一系列的观点，通过这些观点进行自我界定。例如反语这个辞格，如果不重组它所反对的断言，该如何去解释它呢？根据斯波伯和威尔森[④]的理论，如果存在一种明显重述他人话语的特殊反语，那么所有的反语都是一种暗含的反话。

这是不是意味着，为了遵循个人惯用语的丰富性和多样性，应该放弃整个标准呢？当然不是，只要我们不把理性归结为逻辑。应当遵循《论论辩》中的观点，《论论辩》在一开始就说到这与"源于笛卡尔的推理及理性观念是决裂的"[⑤]。在辩论中常常使用的推理正是建立在这些几乎没有逻辑性的论据上，听着修辞话语的全体听众并不是只相信显而易见的事情的人：说话者想象的是听众，而不是某个"天才"的听众，也不是某个"历经试验证明可靠的"[⑥] 听众，而是能够听懂有着自己主体性的演讲者

---

① "我们这么说，是假定这些准则是有效的，但这并不意味着可以给出最大的信息量，或说出的总是事实，或者总是合理的，等等"，Fauconnier, *Espaces mentaux. Aspects de la construction du sens dans les langues naturelles*, Paris, Minuit, 1984, p. 13, note 9。

② *L' Erreur de Descartes. La raison des émotions* (1994), Paris, Odile Jacob, 2001.

③ Ibid. , p. 8.

④ Dan Sperber et Deirdre Wilson, *La Pertinence. Communication et cognition*, Paris, Minuit, 1989.

⑤ *Traité de l' argumentation*, *op. cit.* , p. 1.

⑥ Ibid. , p. 41.

讲话的听众，而这种主体性受着合乎情理的而不是推理的方法的指导。“意志判断的准则有很多”，米歇尔·梅耶写到，它们并不是建立在严格的逻辑、科学的论据上，“有其他更具逻辑的推理，也有其他更具逻辑的理性，但却并不能因此说它们是不合逻辑的”[①]。在日常生活中，就像在技术领域或者司法领域，不可能以确凿的事实为依据。应该相信广泛的理性，在此，情感也能找到它的一席之地，正如应该相信一种更灵活的放之四海而皆准的哲理，简言之，就是相信一种自然的理性，它和明证性相区别，考虑到了符号系统和人类的复杂性。

（三）系统的内部规则

我们赞同理论内部纯理性存在的观点，这让我们能够在系统内部定义一个标准[②]，并由此出发，通过一系列的操作模式，确定辞格的构建方式，辞格通过说话者想象其对话者的方式，反映出说话者的情感及表述。总之，重要的是根据严格的语法规则去搞清逻辑理性如何向情感和人格开放，并根据第一章中所阐述的理论，超越严格的语法层级走向文体与修辞。

如果说语法是一种元语言的描述，其目的是在于分析语言行为而不是思想，最初的描述应该在惯用法和系统分离的基础上遵循语言材料以及它们的结构：“脱离话语行为中多变的和特定的条件来研究语言材料是可能的。这样，我们能够就话语自身进行研究，丝毫不用去知道是谁说了这句话，甚至不需去猜想它是由某个特定的主体在某个特定的环境说给某个特定的主体的。”[③] 诚然，这些观点首先和修辞分析有关，其次从系统过渡到现实化，考虑这个过程和它的关联所涉及的要素时，这些观点应当被重视。

这样我们能够在严格的语法原则基础上定义语法单位[④]的规则。某些话语，某些文本单位的特点是它们的完整性和横向性。如下列句子“青蛙跳”（Les grenouilles sautent）或“跳着的青蛙”（Grenouilles de sauter）在文本上可

① Michel Meyer, « La période contemporaine », dans *Histoire de la rhétorique*, *op. cit.*, p. 260.

② 参阅 Joëlle Gardes Tamine, « Normes ou canons dans la description grammaticale », dans *Les Linguistes et la norme. Aspects normatifs du discours linguistique*, *op. cit*。

③ Jean - Claude Milner, *Introduction à une science du langage*, *op. cit.*, p. 58.

④ 更多的细节，请参阅若艾尔—嘉德·达米尼的《论写作语法》*Pour une grammaire de l'écrit*, *op. cit.* 。

以是相等的，它们的地位却是不同的，因为前者规定了句子的语态：

为什么青蛙跳呢？Pourquoi les grenouilles sautent - elles?

相对于：为什么跳着的青蛙？Pourquoi grenouilles de sauter?

而且可以被用于从句：

当青蛙跳的时候，池塘的水就浑浊了。Quand les grenouilles sautent, la mare est troublée.

相对于：当跳着的青蛙，池塘的水就浑浊了。Quand grenouilles de sauter, la mare est troublée.

“由此可以引出一个句法完整性的概念，应该强调的是，这个概念严格意义上和话语所承载的信息量毫无关系。问题提供了系统地让话语形式多样化的可能性，从而获得其他的组合顺序，要么像话语一样出现，要么在将它们并入的话语内部出现”①。此外，如果说第一个句子能够出现在任何文本中，那么第二个句子只能在某些连贯的背景下出现于叙事文体中（记叙文的叙述不定式）。第一个句子是横向的，第二个则不是。完整的、横向的文本单位可归入我们称之为最小语法单位的系统单位中，并且最小的语法单位数量之多，不胜枚举。这些语法单位属于 N0VW 的格式，N0 代表传统语法所称的语法主语，V 就是动词，W 则指可能会尾随其后的补语群。这个补语群可以被更加明确化。比如：

主语　动词　（N0V）

主语　动词　名词 1　（N0V　N1）

主语　动词　名词 1　介词　名词 2　（N0V　N1　prep　N2）

主语　动词　介词　名词 1　介词　名词 2　（N0V　prep　N1　prep　N2）②

---

① Denis Creissels, *éléments de syntaxe générale*, PUF, 1995, pp. 33 - 34.

② Joëlle Gardes Tamine, « Phrase, proposition, énoncé, etc. Pour une nouvelle terminologie », *L' Information grammaticale*, n° 98, 2003, p. 25.

词汇变项因此可被插入这样的定义格式中：

让读报纸。Jean lit un journal.

让给雅克一份报纸。Jean donne un journal à Jacques.

让对雅克谈论报纸。Jean parle du journal à Jacques.

这确保了叙述以及语态化、主题化等不同操作模式的转变，对此我们无须赘述。

标准的统一是最基本的观点，它同样受到顺序的制约，而这些顺序和动词前面需要填充的区域有关。主语动词的顺序不是由一个逻辑顺序（思想）或自然顺序（事物）来界定的，而是通过系统内部的需要来界定的：动词名词结构与名词动词结构的不同不是横向的，它依赖于特定的限制和条件。最小单位的标准结构展现了顺序和结构的一些特性，这似乎重新回到了杜马塞所论及的简单结构，但这只是对于纯粹语法的内部标准而言。

标准，摆脱了所有的繁复和揣测，它只是在描写中构成了一块里程碑。在着手后文的分析之前，正是与标准相比，辞格才可从语法层面定义。这样，词序倒置[①]被定义为一种置换：当文本中抽象单位转换到被有效研究的单位时，应该研究是什么使其成为可能[②]。在主语后置的情况中，后置取决于填充动词前缀区最先出现的单位。

远处响着火车。(Au loin siffle le train.)

相对于：　响着火车。(* Siffle le train.)

取决于动词的种类，有或者没有补语：

① 通过词序倒置我们可以得到两种不同的东西：或是词语顺序的变化，或是“通过增加形成的变化：无论是出于语法还是主题—逻辑原因，当句子或演绎似乎结束时，通过添加，话语会令人惊异的继续进行，每次的添加都会产生鲜明的效果”（Georges Molinié, *Dictionnaire de rhétorique*, Paris, Le Livre de Poche, 1992, p. 166)。

② 参阅 Joëlle Gardes Tamine, « De la micro－grammaire au style：la postposition du sujet », dans Agnès Fontvieille－Cordani et Stéphanie Thonnerieux (dir.), *L'Ordre des mots à la lecture des textes*, Lyon, Presses universitaires de Lyon, 2009。

远处响着火车。(Au loin siffle le train.)

相对于：　远处猎人叫他的狗。(* Au loin siffle le chasseur son chien.)

取决于主语的类型，主语不能是人称代词：

远处响着火车。(Au loin siffle le train.)

相对于：　远处响着它。(* Au loin siffle – t – il.)

辞格在标准的实现中得以形成。同样比喻也是在从潜在到现实、从标准到话语的过程中得以产生。在既定的结构中，隐喻①将符合系词标准的结构和词汇单位联系到一起，“通过一种新的统一”，这些词汇单位可能会被赋予一种隐喻的含义：“阿基里斯是一个急躁的战士”相对于“阿基里斯是一头狮子”。弗朗索瓦兹·杜埃②说：“比喻不是作为一种词汇现象，相反是作为句法将相关价值赋予词汇要素的一个点”，即在结构中借助其他符号来界定的价值。词汇和句法的过渡、关联性稍后将会进行深入研究：它们不但构成了比喻的基础，而且构成了辞格的基础。

二　转义③

参照标准的问题，是为了比喻才产生的，如果承认比喻是一种语义辞格，那么它是为了转义而产生的。转义不能自我界定，要在本义/转义这一对概念里通过区别对待来界定，其中前者是基础。要阐释来源于本义的转义，则应先回到本义，这样比喻就包含“两个阶段的解码过程”，就像让·高昂说的，先是“对不规则形式的感知”，接着是“对其的更正”④。句法辞格和简单结构相对，比喻和本义相对，对本义的界定因而显得十分重要。如果说标准的定义在涉及形态句法的修辞领域已经很难，那么在转义的情况下则更难。根据理论学家的观点，标准可通过两种方法来定义，

---

① 参阅 Joëlle Gardes Tamine, *Au cœur du langage. La métaphore*, *op. cit.*, chapitre Ⅲ。

② “论证语法中杜马塞所说的比喻”，参阅 Michel Meyer et A Lempereur (dir.), *Figures et conflits rhétoriques*, Bruxelles, Editions Universitaires, 1990。

③ 关于这一部分详尽的描述，请参阅若艾尔·嘉德·达米尼的 *Au cœur du langage. La métaphore*, *op. cit.*, chapitre Ⅰ。

④ Jean Cohen, *Structures du langage poétique*, Paris, Flammarion, 1966, p. 20.

从孤立词方面（词汇概念），或者从句子方面（话语概念）。我们将回顾一下辞格历史研究中已提及的问题和不同理论的主要特征。

（一）词汇概念

词汇概念和比喻的外延紧密相连，比喻被定位是由单一词构成的[①]。克里斯蒂娜·布鲁克·罗斯在她的关于隐喻的著作中谈到了“词语形象化使用”[②]问题。本义和词语的转义用法相对，理论学家认为本义的定位或是历时的，即第一个意义是在之前首次使用时形成的，或是共时的，其意义是在逻辑范畴中产生的。

根据历时性概念，词源的意义被认为是首次出现在词语历史中的意义：是它构成了词语的本义，对于词典编纂者来说尤其如此。《利特雷词典》序言中把词源意义和原始义等同起来，根据原始义又可以产生其他意义，但不是所有的派生义都是转义，定位原始义存在困难，还缺乏资料和初次使用年代的标注。回想一下丰塔尼埃关于引申义[③]的概念。这里不再简单地研究本义/转义这一对概念，转而研究本义/引申义/转义这一组三个概念，在这一组概念之后又产生了另外一对概念，即本义和潜在义。由此产生两个问题：一方面，如何区分本义和潜在义；另一方面，在没有附加标准的情况下，如何区分潜在义的不同类型？

如果说本义的界定表面上属于语言学范畴，是因为它来自词源学，后者是语言学的一个分支。这又一次以哲学概念为依据，即语言本源的概念：首先是它的本义，简单义，真实义。沙尔保奈勒引用费尔迪南·布松《教学法词典》中“词源”一词条来分析常常参考神话渊源的词源学：“词源（来自希腊语 *étymos*，真实；真理，语言，话语）是一门研究语言词语本源和它们真正含义的科学。［……］它将词汇送回它们原始的、基本的形式中。”[④] 根据“词源（*étymos* 真实）”一词的词源，词源的含义是历史将我们与其疏远的唯一“真正”的含义。我们可以对本义的这种先时存在提出质疑，我们知道卢梭、维高和尼采都把转义看作第一意义。纳尼娜·沙尔保奈勒对这些无论是研究认知或者是研究语言神话本源的理论都予以驳回，确切地说这些理论的虚幻性胜于哲

① Jean Cohen, *Structures du langage poétique*, Paris, Flammarion, 1966, p. 14.

② Christine Brooke - Rose, *A Grammar of Metaphor*, London, Secker & Warburg, 1958.

③ Ibid., p. 41.

④ *La tache aveugle*, *Les aventures de la métaphore*, *op. cit.*, pp. 145 - 149.

学性。这些理论提升了本义或者转义的价值，一对概念的其中一方被认为是基础的，而另一方则只有与其相比较而存在。然而它们能够相互定义。

另一种理解首要意义的方法就是常用意义。这个准则与用法是一致的，什么样的用法可以定义首要意义呢？我们不探讨由它的界定所产生的困难，将只回顾杜马塞纯粹语法的观点。对一个法语单词不同意义的界定是可能的，甚至包括在拉丁语翻译过程中产生的大量引申义："在翻译时，一个词可能没有它在源语言中所有的引申义，每种语言都有它特定的引申表达，可能是因为这些表达在某个国家有固定的用法，其他国家的人就不了解这种用法；也可能是因为某个其他原因造成的单纯的随意使用。"[①]不仅意义的数量可能是显而易见的，同样还有最基础的意义。"法语 *porter*（提）一词的本义在拉丁语里可以用 *ferre* 表达，但当我们说 *porter envie*（羡慕），*porter la parole*（代人说话），*se porter bien ou mal*（健康状况好或坏）等的时候，在拉丁语里就不能用 *ferre* 这个词表达，拉丁语有它自己特定的表达；说拉丁语的人就不会再考虑 *porter* 或 *ferre* 这两个词了。当我们单独看 *porter* 这个词，完全撇开能够赋予其引申义的词语时，如果只是简单地把 *porter* 用拉丁语表达为 *ferre*，*invidere*，*alloqui*，*valere* 等，那么法语—拉丁语词典就缺少准确性了"。

Porter 一词的本义就是拉丁语里 *ferre* 的本义。这个词（不管在法语还是拉丁语中）可以和任何补充成分共用："porter un chapeau"（戴帽子），"porter une charge"（负载），"porter un enfant"（抱孩子）……如果借助对语言单位界定时所使用的术语来说，它是纵向的，因为没有任何对它用法的限制。然而在一些语境中和带有特殊补充成分时，*porter* 表达的特殊意义可以由拉丁语中其他不同于 *ferre* 的动词表达出来。本义从属于系统，难以进行特殊的界定，而引申义一般就是在特定语境中产生的。弗朗索瓦兹·杜埃指出，《论比喻》一书中说道，"每个词原则上只有一个本义意义，在一定的语境中会有不同的意义，可能是本义也可能是转义"[②]。因而论点如下：一个既定词的本义应该与任何一个其他词都不同，词汇中所有词在使用时都有特殊的分类。杜马塞作为语法学家，目的是非常明

① Dumarsais, *Des Tropes*, *op. cit.*, p. 82.

② Ibid., p. 244.

确的："大赌"与"玩"相比较就是比喻，如同"帆"对于"船"，"火焰"对"爱情"一样。但是这种观点总是与直观上的看法相悖，并伴随着一种非常细致的词汇学概念。杜马塞在提出系统中词汇本义具有单一性，而在话语中具有多义性的同时，并不认为这是一词多义的现象：也就是一种语义理论。杜埃①认为这种语义理论来自"语言中词汇严格意义与话语中词汇众多用法之间的冲突"。话语范畴对转义看似独一无二的决定性并没有吸引这位哲学语法学家太多的注意力，因为他关心的首先是系统。

（二）言语概念

杜马塞的观点促成了当代话语概念的诞生，人们称为转义②的关系概念。"*porter*"一词后有补语"envie"（渴望）和"parole"（话语）时，该词就取其引申义：在既定的句法范畴内，是词汇单位的结合决定了转义。这是一种话语概念。根据人们在遣词造句中的反常或单纯的冲突，在现代观点中一般存在两种形式。事实上，一些理论家认为转义是缺乏逻辑的，违背了话语的逻辑性，这种逻辑性常被称为"同位性"。让—玛丽·克林肯伯格在其《普通符号学概要》一书中指出，"能保持语句原义一致性的冗余的话语被称作同位素（'同位性'一词指的就是一致性）；破坏了这种一致性的则被称作异位（我们也可称为异位性）。例如在语言表述中'我喝水'就是同位素，而'我喝混凝土'就是异位"③。这需要了解冗余性形成的标准或同位性基础的逻辑性。"我们都认为可以把这种包含所有基本义素的话语，以及将词语可能性限制到最小意义部分的次要义素，称为零度操作。"④ 正因如此，列日学派试图定义这个著名的"度"，这种同位性，但他们无法找到主要义素以及最小范围的次要义素。

依据泽里格·哈里斯的建议，莫里斯·格罗斯提出，在构成本义的分析性语句的基础上，派生转义语句（谓语的阐释完全包含于对主语的阐释中）⑤。

---

① Dumarsais, *Des Tropes*, *op. cit.*, pp. 11 – 12.

② 参阅 Irène Tamba, *Le Sens figuré*, PUF, 1981; Joëlle Tamine, « Métaphore et syntaxe », *Langages*, n° 54, *La Métaphore*, juin 1979。

③ Jean – Marie Klinkenberg, *Précis de sémiotique générale*, Paris, Le Seuil, coll. « Points », 2000, p. 118.

④ *Rhétorique générale*, *op. cit.*, p. 36.

⑤ 个人交流。

比如“小溪歌唱春天”这个隐喻的参照点是“一位歌唱家唱歌”，但后句具有冗余性[①]，这是由词法造成的。然而这是非常罕见的情况，以“rugi r”（吼叫）为例，人们会想通过何种形式表达出以下判断：“一个吼叫者嘶吼着发出吼叫声”，这个表达方式是不可能的。此外，这种分析性判断不会带来更多信息，它仅限于元语言或元认知语言解释范畴中。普通话语会有特殊含义（“歌唱家唱经常唱的歌曲”），就像转义话语，但是区分的标准还有待划定[②]。

确切地说，人们常常借助的不是话语的冗余性，而更多的是借助词语的组合及词素的搭配来定义同位性。问题是双重的：一方面，应该阐明这些义素，这已经是一个难题[③]；另一方面，应该定义词语及其义素的组合规则。然而调动诸如词缀构成的反义词的特征，如“animé/inanimé”（活跃的/无生气的），“humain/non-humain”（人道的/非人道的）的情况，可通过其形态句法标志来识别，但在这种情况之外，这种受到另一个词语限制的选择很难界定。尤其当一个动词能够以它的主体为特征（“咆哮”要求其主语是狮子一类的动物而不是“人”，这就使表达有了转义：“阿基里斯怒吼”），但对于名词却不成立。词典学家约赛特·雷—德伯夫的注意力就放在这个区别上：“名词是话语的组成部分，是最能表达我们所使用的词汇意义的（词汇学家和语义学家的例子就是证明），但也是最不符合语言学的，它最束缚描述。”[④] 事实上暗喻（métaphore *in praesentia*）[⑤] 建立在两个名词（名词群）的组合没有限制的基础上：是什么公式化的规则禁止“自然”和“神殿”（“自然是一座神殿”，波德莱尔）或者“心”和“太阳”（“太阳黑水之心”，夏尔）的组合呢？

最好的情况中，动词可以突出义素的冗余性，即使它更多的是涉及一种相容性而不是冗余性。列日学派“根据‘流动性’义素在谓语构成成

---

① “Un chanteur chante des chants”，该句中的动词 chanter 已具有唱歌之义，无须再加名词宾语 chant（歌）——译注。

② 关于此点，请参阅本译著第 79 页。

③ 参见本译著第 53—54 页。

④ Josette Rey-Debove, *La Linguiqtique du signe. Une approche sémiotique du langage*, Paris, Arm and Colin, 1998, p. 25.

⑤ Métaphore *in praesentia*，本体和喻体靠系动词，限定结构，同位语结构或呼语连接在一起——译注。

分的冗余性"[1]，把"水流"这个句子看成是同位素，但是在"我碰水"或"我不喜欢水"这两个句子里该如何定义同位性呢？事实上，一般情况下和补语搭配的组合没有和主语搭配的严格[2]，相容性规则不属于语言学和语义学的研究范畴，就像列日学派所说的，它属于超语言学的研究范畴。应该承认"经验论的方法"和"认知"可能被包含在内："最终同位性和异位性隶属于一个特定社会，特定时代，隐含于一种特殊语言的语义学研究的认识论中。那么这个时代的同位素序列能够成为异位之后的另一种，反之亦然。这就是众多的事实陈述，通常是变异的科学陈述，最终会被社会接受"[3]，就像"地球绕着太阳转"这句话长久以来被"异化"，长久以来被认为是臆断而不是科学论断。因而本义不存在语言稳定性，很大程度上依赖于外部条件的变化。

（三）转义和本体论

转义的问题很大部分要回归本体论，这就是米歇尔·庞迪[4]所强调的。即使存在语言的真实，即使能够定义系统内部的标准，即使语言就是一个"词汇的、语法的、虚拟的形式结构的贮存所"，即使这个贮存所是自主的，这并不意味着可以省掉关于超语言学领域的研究，也不意味着这个领域是预建的，或者是话语、文本组建了它。语言和本体论是密不可分，相辅相成的——理论家应该面对的问题之一是两者的关系问题："作为概念创新和掌控象征世界的工具，从功能上讲，运用的语言是和本体论密不可分的［……］。如果语言首先是由语言共同体划分的内容和表达形式范畴体系，那么本体论就是结构上独立于一种已知语言的概念范畴体系，其主要特征就是能涵盖不同语言共同体的文化形态所共有的对世界的意象。"[5]

在米歇尔·庞迪看来，转义应该通过两种不同的方式来分析。他反对"人咆哮"和"月亮做梦"这样的句子，在这两种情况中，主语和谓语之间体现着一种"矛盾"，或者更确切地说，一种"冲突"："如果说是语言禁止人咆哮，那便是我们对于世界的形象禁止月亮做梦。第一种表达违反

① Dubois Jacques, Edeline Francis, Klinkenberg Jean-Marie, Minguet Philippe, Pire François, Trinon Hadelin, 1977, *Rhétorique de la poésie*, Bruxelles, Complexe, 1977, p. 37.

② 参阅 Irène Tamba, *Le Sens figuré*, *op. cit.*, p. 87 *sq*。

③ *Rhétorique de la poésie*, *op. cit.*, p. 38.

④ Michel Prandi, *Grammaire philosophique des tropes*, *op. cit.*

⑤ Ibid., p. 38.

语言规则的限制，可以用合乎逻辑的话语重新表达，‘人喊叫’——而第二种违反了本体论规则的限制，和词语的内部结构不搭调，无法被修改”[①]。实际上“咆哮”是“喊叫”的下位词，这就解释了在合适语境中可以用一个代替另一个，而“做梦”无法通过任何词汇关系把它与语境相兼容的动词联系起来。

归根结底，如果是对世界的认识决定了本义与转义的界定，那么我们知道这不是一劳永逸的，而是依赖于其中每个人的知识，即便这二者的界定在普通修辞格上能够和谐并存。更何况对于那些以形式特征为基础的辞格，可能很难定义一个标准，而且本义的先存性只是一种思想观点。本义不能在语言中被定义。选择限制是模糊的、不确切的，并且常常什么也不解释，只是给出结果。转义不是根据既定的本义来自我确定，两者互相定义：“本义和转义的差别是一种构建，它考虑到言语行为发生时所有可用的信息因素，借用了所指、所指对象和语境的因素，谓语或旧的分类和谓语或新的分类之间的差距形成了本义和转义之间的对立。”[②]

比喻和辞格一样是一种结构，而不是一种违背。即使我们以一种还有待确定的方式辨别出了辞格，这些辞格呈现出某些共同的特征，但目前还不存在任何辞格定义能让人瞬间辨识出辞格。

三　辞格的特征

（一）可视性

修辞方面的几位理论学家指出“辞格”（*figure*）这个单词本身就是转义：“从意义范畴来说，这个词首先只应表示形体，甚至只表示人和自然中实实在在的动物。那第一个词义意味着什么呢？轮廓，特征，一个人、一个动物或某一个具体事物的外形。”[③] 如果说杜马塞注意到了这个词“使用的是转义”，而且已经构成了一种隐喻[④]，那丰塔尼埃看到的是误喻，也就是引申义，我们对此不会感到惊讶，尽管在分析阶段他并没有使

① Michel Prandi, *Grammaire philosophique des tropes*, *op. cit.*, p. 59.

② Jean Molino, Françoise Soublin, Joëlle Tamine, « Présentation: problèmes de la métaphore », *Langages*, n° 54, *La Métaphore*, juin 1979, p. 38.

③ Fontanier, *Les Figures du discours*, *op. cit.*, p. 63.

④ Dumarsais, *Des Tropes*, *op. cit.*, p. 64.

用这样的字眼："这个隐喻不能被视作一种真正的辞格，因为在语言里我们还不能找到其他词来表达同样的意思。"① 不管它是否构成一种修辞格，该词的使用暗示了表达的一种特殊形式，一种可见的形式。由此很多人便认为辞格给语言中引入了可视性，尤其是对比喻而言："比喻是对人们所谈论事物的感性描述"②，拉米这样说。亚里士多德早已认为隐喻的作用就是"使事物呈现在我们眼前"，"仿佛浮现在眼前"。保罗·利科这样描述隐喻的效果：隐喻的能力就是让事物仿佛浮现在眼前，"将我们带入陈述问题的核心，我们也说过陈述的功能便是'产生'话语。'映入眼帘'并不是隐喻的附属功能，而是修辞格的特征。同一个隐喻既能够包含比例性的逻辑时刻也能包含可塑性的感知时刻"③。

这种可塑性呈现着不同的形式。从根本上首先是话语的可塑性，即当话语展开时，它所特有的范围，尤其是在笔头创作中。文本中存在一些特殊的位置，处于这些位置的词语能够获得一种特殊的功效。因此，反衬既取决于反义词，又取决于它们在句子中所处的位置："他（上帝）看到人类本质是如此冰洁，相对于其他事物又是如此热情"（波舒埃《天神报喜节的布道》）；而矛盾修饰法意味着对照，以及不相关领域词语的类似性："黑夜登上了光明！"（雨果《夜里的泪》、《沉思集》）

让—弗朗索瓦·里奥塔尔看到了修辞格的可视性研究的标志："在并入语言的规则之前（比如并入修辞学），在语言规则和单位方面，修辞格是像对待事物一样处理这些单位和规则效力的标志，它是这项研究的轨迹。"④ 即使不一定是有根有据的，也很容易从轨迹过渡到另一类型空间，从表达的可视性及话语本身到另一种法则"空间的构建"，一位矛盾修饰法专家说："间距这样产生，矛盾修饰法让我在自己的领域里迷惑，因为我的领域只能由某种活动来揭示，和我的迷惑点相反的运动。简言之，矛盾修饰法展示了其典型性，就像艺术一样，目的只是为了展示自我的空间构建。"⑤

---

① *Les Figures du discours*, *op. cit.*, p. 63.

② Lamy, *La Rhétorique ou l' art de parler*, *op. cit.*, p. 209.

③ Paul Ricoeur, *op. cit.*, pp. 49 – 50.

④ Jean – François Lyotard, *Discours*, *figure*, Paris, Klincksieck, 1971, p. 146.

⑤ Bertrand Rougé, « Oxymore et contrapposto, Maniérisme et Baroque: sur la figure et le mouvement, entre rhétorique et arts visuels », *Etudes Epistémè*, 9, 2006, p. 121。他引用了伊夫·保内福瓦（Yves Bonnefoy）, *Rome*, 1630, Paris, Flammarion, 1994, 1970, p. 31。

这个领域常常是形体，就像它和感觉密切相关。18世纪的感觉主义常常将其认为是转义的源头，约翰逊和莱考夫的分析也与其并无异处。在关于隐喻的研究中，他们认为人们的概念体系里不能没有隐喻："通过隐喻理解经验的能力就像是一种感官，如同视觉、触觉或听觉一样，这意味着人们感知世界并使这种感觉成为一种经验只能借助隐喻。隐喻扮演的角色和触觉一样重要，很珍贵。"[①] 隐喻因而扩展了感觉对象："我们认为［……］我们习惯上用具体的字眼使不具体的东西概念化——换言之，我们用明确的字眼使不明确的事物概念化。[②]"这也就是辞格的功能，用具体的词汇修饰抽象事物，并使抽象事物更加突出。佩尔雷曼和奥尔布莱茨—图泰卡写道，"具体的词语增加了现实性"，因为"词语越特别，它们所提及的形象就越生动"[③]，他们以迂回为例，用"那些匕首所穿透的"来指莎士比亚的《裘力斯·凯撒》中杀凯撒的凶手。然而，不是所有修辞格都会给抽象或概念赋予具体的形象。在圣琼·佩斯看来，这也是罗杰·卡耶沃已经提到的，辞格的特点中，有一种恰好相反，是试图将实际的东西变得更抽象：

> 度量衡检验官沿着堂皇的大河而下，
> 胡须沾满昆虫残肢和麦秸草芥。（《阿纳巴斯》Ⅲ）

要承认具体化的阐明是最常见的，但也必须注意到词语本身并不是具体的：它们一定要抽象，因为这并不是一些实物，也尤其因为它们只抽出和保留了它们所指对象中的某些特征。因此，根据纳尼娜·沙尔保奈勒中肯独到的观点，转义的话语只是一种"抽象的具体化"[④]："表面上看最具体的描述，从来都不是夸示唯一的、有起讫时间的、个体的现实事物的。［……］这是一些'抽象的'场景，它们不仅使这样或那样的个人境况完全抽象化，而且使一些属于可描述性活动的本质因素抽象化。"[⑤]

---

① George Lakoff et Mark Johnson, *Les Métaphores dans la vie quotidienne* (1980), Paris, Minuit, 1985, p. 251.

② Ibid., p. 69.

③ Chaïm Perelman et Lucie Olbrechts - Tyteca, *Traité de l' argumentation*, *op. cit.*, p. 198.

④ Nanine Charbonnel, *La tache aveugle. L' important, c' est d' être propre*, *op. cit.*, p. 46.

⑤ Ibid., p. 48.

如果所有的意义都能受到这种“具体性”的作用，那么这种观点更是如此，正如马尔蒙泰所说：“所有的意义都相对的参与了转义语言。我们说‘观点的色调，内疚的声音，灵魂的冷酷，性格的柔和，名誉的气味’，但是视觉对象越明白、越生动、越清晰，则越容易被刻画在记忆中，拥有更容易被描绘的优势。视觉是典型的想象感官。”[①] 所以修辞格和意象密切相关，也和活跃场景的方法密切相关。利科认为“像有生气的东西一样展示无生气的东西，有一种使关系明显化的能力”[②]。修辞格建立在“实现”（*energenia*）的基础之上，是活动中的效用，常常和生动（*enargeia*）——明证（*evidentia*）混为一谈。当辞格在有生机的东西之外展示无生机的东西，当它指一个“似乎活跃”的事物时，当它让一个行动发挥作用时，它便和“实现”有关[③]。亚里士多德认为，就是这一点促成了“映入眼帘”这个事实。因此尤其是当修辞格描写的形象生动的时候，修辞格也暗示了生动性、明亮性、明确性、明显性[④]。总之，它们的作用是显著的。

然而修辞格本身并无任何显著性，只有它的特征是显而易见的，或者至少更能吸引注意力。其实修辞格有些不同程度的晦涩，有时还是一个和自反性有关的难解之谜，这是一个被现代派指明的特征：在修辞格中，词语被展示出来，即使不被当作自指词使用，它们至少会显示出自指的内涵意义，在某些比喻中通过自指的方法揭示出“某种”内涵意义：

人类的蔑视屈服于一种代价之下。（罗伯斯庇尔，《关于宪法Ⅱ》）

如果警卫的领导们说话，他们就服从：这是一些真正的君主，他们的影响力是个人的。（圣茹斯特，《关于警察的报告》）

一句话，法国人的宪法程式（如果允许我借用这个化学术语）也

① Jean - François Marmontel, *éléments de littérature*（1787）, Paris, Desjonquères, 2005, p. 644.

② *La Métaphore vive*, *op. cit.*, p. 50.

③ Aristote, *Rhétorique*, *op. cit.*, Ⅲ, Ⅺ, p. 337.

④ 参阅 Quintilien, *Institution Oratoire*, *op. cit.*, Ⅷ, 3, 61, p. 77: *Itaque eargeian*, [⋯], *quia plus est evidentia vel*, *ut alii dicunt*, *repraesentatio quam perspicuitas*, [⋯] *inter ornamenta ponamus*（“*enargeia* [⋯⋯] 应该属于修饰语，因为它具有明显性，或者就像其他人所说的，与明显性相比，它更倾向于形象化描写”）。

许是全世界最复杂的之一。（保尔·瓦莱里，《对当今世界的关注》，雅克琳娜·奥迪埃—瑞韦兹[①]引用）

不仅是所指，是符号的全部在发挥作用，表态要素突出了其使用的准确性。有时候辞格也会是形式考究的结果。在阿波利奈尔《失恋者之歌》这首诗中，诗人勾勒了两条明显的线，我们可称之为基于语音和语义关系之上的本义和转义：

记忆宛如美画舫
驶在盈盈苦波上
绚丽拂晓便侈谈
直到凄凉夜幕降
是否谈得餍足又倦航

他确实希望研究成果是可见的："对于我来说，看见成果就足够，应该让人们都看见成果。从艺术家们产出的丰硕成果，我们就可以估量这份杰作的价值。"[②]

（二）问题性：字面与形象

即使脱离了这种词语诗化的处理，如果辞格在多种程度上都是晦涩不明的，那么符号就这样自我展示了。雅克·迪伦马特有理有据地谈论了它们的"自反性"："自反性作为一种隐喻需要我们把语言看作是一种产品，一种创作，而不仅仅是表达的载体。语言在隐喻里"[③] 以及在所有的辞格里是这样自我展示的。我们总是能够拒绝[④]的寓意式的阐释，是建立在第一义是引出第二义的依托这个假设之上的。句子成了阐释的障碍，或者在谚语中，因为它的句法已经陈旧过时，例如"滚石不生苔"，或者在一些前沿的文本中，因为它是不恰当的、不合时宜的、晦涩深奥的："在某些

① Jacqueline Authier – Revuz, *Ces mots qui ne vont pas de soi. Boucles réflexives et non – coïncidences du dire*, Larousse, 1995, t. 1, p. 334.

② Guillaume Apollinaire, *Méditations esthétiques*, *Œuvres en prose*, 2, Paris, Gallimard, « coll. La Pléiade », p. 31.

③ Jacques Dürrenmatt, *La Métaphore*, Paris, Champion, 2002, p. 48.

④ Ibid., p. 87.

情况下，字面的翻译会导致不连贯、缺乏条理、自相矛盾或者平庸无奇”[①]，然而让·丕平说，如果迫不得已，人们能够“凑合这种不清不楚”，“最迟钝麻木的思想也不能顺从这种与其相悖并限制其研究的无逻辑性”[②]。

从叩问的角度看，如果说“逻辑修辞的重要性来自考虑相关他人的问题，并要给予其答案的忧虑 ”是真的，如果这个问题在话语中不够明确，要来自推论的话，那么辞格所组建的结构就是一种导向阐释的途径，这种阐释将会超越明确话语所表达的意义。根据米歇尔·梅耶的观点，“喻形性”或“形象性”的目的在于引发疑问，文学性似乎可以给这种疑问画上句号。

应该分清转义和形象义这两个概念：如同杜马塞[③]所说的，在此我们可借用《圣经》诠释的四种含义的理论，字面义、精神义，精神义被分为寓意义、道德义（“风俗习惯知识”），最后还有奥秘义（“圣经的不同意义”）。字面义指的是“听到一种语言的人们头脑中，词语首先激发出来”的含义，也就是字面义暂时地锁定了问题：“除了词语的共鸣，其余什么都听不到”，圣奥古斯丁如是说。字面义分为“严格的字面义”，即指词语全取的是它们的本义，和“引申的字面义”，例如“播种分裂”[④]。转义“很自然地出现在头脑中”，不需要去考虑太多，思忖太远，我们“没有事先被通知”，我们解读时，便不去猜想人们是否想要告诉我们的是另一件事情，“我们处于一种理性的安静情境里”。用最时髦的话来说，“只有字面意思的话语才是一个答案，一个我们确切地肯定地认为它所说的就是答案的答案”[⑤]。

总之，转义（逻各斯）是能接受两种相反的效果的（情感）。或者它“吞噬”了这个问题，用米歇尔·梅耶的话来说，要么是因为它太平庸以至于我们不会留意，要么是因为表达的魅力辞藻分散了我们对问题的注意

---

① Joëlle Gardes Tamine et et Marie – Antoinette Pellizza, « Pour une définition restreinte de l' allégorie », dans Joëlle Gardes Tamine (dir.), *L' allégorie corps et ame. Entre personification et double sens*, Aix, Publications de l' Université de Provence, 2002, p. 26.

② Jean – Pépin, Mythe et allégorie. *Les origines grecques et les contestations judéo – chrétiennes*, Etudes augustiniennes, 1976, p. 483.

③ *Des Tropes*, *op. cit.*, p. 204 *sq.*

④ 这是杜马塞的例子。

⑤ Michel Meyer, « Pour une théorie générale des figures », *op. cit.*, p. 21.

力，或者正相反，它提出了一个待解之谜，因为涉及另一个难解之谜，那么它就变成了形象义。所言之词并不是这个谜的末词，而是一个导向杜马塞在“精神义”这个名称下概括的一系列推论中要超越的阶段。晦涩不明和形式的独特怪诞，因为它自身产生的问题要求人们尽力确定话语中的问题。这种独特性可能会变得冗杂，好几种分属于不同层级的事实相互结合，就像在阿波利奈尔的例子中将语音的、形态的、句法、类比和格律的组织全部汇聚在一起。相反它也可以是极度的单一。在《巴雅泽》末尾，当洛克桑内决定主人公的命运时就用了一个精简的命令“出去!”很显然这关系到命运、关系到生命或死亡，而不是从一个地方出去。在《贝蕾妮丝》中，提图斯为了公主向阿尔沙克宣布：

> 不，提图斯，我一点也不恨她。(第一幕，第三场)

否定形式，“爱”的反义词这个聚合关系的出现，要求对话者顺着一个渐增的梯度向上：“一点也不恨”还不够，因为问题是情感的持续性，而不是对于一个事实情况的描述。但是允许对话者假装天真，也允许其局限于字面义，不论其是否取转义。无论是从转义到形象义抑或是从字面（在理性中）到形象（在情感中）都不是自动的：本义和转义在话语中构成，形象义与非形象义在人格和情感的协调与矛盾中产生。

修辞格可吸引注意力，无论它是修饰、配备还是贫乏的。在相对于首要的非形象的偏离中，它不是既定的：如果在上下文和已知的交流环境中出现了“推论命令”[①] 的话，一种语言组织，本义或者转义，都能够被形象地阐释。归根结底，都是臆测的问题。

① Michel Meyer, *De la problématicité*, *op. cit.*, p. 244.

第五章

从辞格到构形

回顾辞格的历史，从上一章的现状可以得出此结论：在语言中，辞格并不是语言里的独特现象，也不是语言规范用法的偏离，而是为了特殊效果的语言构成方式，并且很大程度上建立在理性普遍机制上。这就是为什么最好把它称为“构形”。这并不是字词的简单问题，因为该词语具有不被具体语义所束缚的优势，同时也具有不受传统分析影响的优势。“结构”这个词本也可以，但句法学已经使用了该词汇，而“布局”这个词又跟常用术语相差甚远。归根结底，辞格只是一些理性的构形，某些特点使这些理性构形具有形象化的效果。这是一些充满了潜在性的基体，它们并不是既定为形象性的，而是在明确或者不明确的问题中被诠释。要我们放弃辞格这个词的使用可能很难，并且在接下来的文章中它也会被经常使用，但是我们应该知道辞格仅仅是一个专门使用语言机制的构形。本章将描述这些机制，本书的后面几章将会对几个特别有意义的结构布局进行详尽的分析。我们并不是要回顾所有的辞格，并不是像前面几章做的分析一样把它们分类：“可能没有什么比这样的分类更令人失望、更贫乏的了，但是应当把它们整理好，因为形象性对于修辞学来说是不可或缺的。”[①] 在这一章和后续几章中，我们将试着进行整理和归纳。

一　辞格的普遍机制

依据所采纳的观点，所有的辞格因而都是词语的构形，分辨思想辞格和语言辞格是毫无意义的。再者对于传统的辞格分类，人们是犹豫不决

① Michel Meyer, *Principia Rhetorica*, *op. cit.*, p. 126.

的，因为不存在没有经过语言组织的辞格。对于丰塔尼埃来说，思想辞格在理论上是“独立于字词、表达以及文体的，事实上根据不同的文风、不同的表达和不同的词语的运用，思想辞格表达的内容也就变得完全不同了”①。思想辞格就像拟人法一样，就是“将不在场的人、死者、超自然生物甚至是无生命生物搬上舞台”②，就是使他们说话或倾听，这是独立于可被赋予或进行对话的言语细节的。诚然，是词语使其能够“搬上舞台”，尽管还有其他的方式也能达到同样的效果。丰塔尼埃给出的例子中有一段是，费德尔“突然化身成严厉的米诺斯，即他的父亲，并时刻准备着审判她、挫败她，准备自己变成刽子手”③：

啊！他的恐怖影子将会怎样地颤抖，
当他看见他女儿出现在眼前时，
被迫承认那么多不同的重罪，
和一些地狱尚且没有的罪行！
我的父亲，对于这一恐怖的场景，你会说什么？
我想我看见骇人的骨灰瓮从你手上掉落；
我想我看见你在寻找新的折磨，
你以自己的血为代价变为刽子手。
原谅我［……］

辞格可以在语态的转换中进行辨识，因为感叹句后跟着一个疑问句，并伴随着一个呼语，“我的父亲”，以及代词的转换，“你”代替了“他”。尽管词语具有表明说话者一个特殊态度的作用（或者它们是效果），但这里涉及的依然是语言辞格。辞格与陈述在本质上的联系是不可否认的，但首先是在话语中发现语言现象，就像在无论何种辞格运用中，语言现象都可得以构建诠释。相反，为什么思想辞格的推崇者在“映像法”④中看不到辞格，字词虽然不同，但一系列围绕着同一观点的隐喻却被运用了：

① Fontanier, *Les Figures du discour*, *op. cit.*, p. 403.

② Ibid., p. 404.

③ Ibid., p. 406.

④ 参阅本书第140—141页（译著页码）。

我是尖刀，我是伤口！
我是耳光，我是脸皮！
我是四肢和车轮子！
受伤的人和刽子手！
我是我心的吸血鬼。
（波德莱尔《自惩者》）

事实上，任何情况中都存在着或多或少延伸的语言结构，这是在从系统到话语的过程中构建的，而话语又依附于一个特定的表述。不要忘记系统是在表征语言中被定义的，而这个语言建立在分析数据基础之上，这里所涉及的无论是结构还是操作模式都不能与精神活动相一致。除了分句结构（最小标准单位），系统还包括词汇单位，其所指功能是潜在的。正是将这些单位插入结构中以及它们的实现才能构建通常意义的话语，尤其是辞格，而这些单位的实现要借助于句法形态工具，如名词的限定词或动词的词形变化词素。我们现以换称为例（“这是一个富豪”[①]）：“我们等下。暴君们就像豹子/上帝知道如何拔掉他们的利齿”[②]（雨果，《光明》，《惩罚集》）。换称在词汇和形态句法之间得以界定，它包含了特殊的词汇，专有名词与限定词连用，比如“尼禄”和“克罗伊斯”。这些话语还涉及其他的操作模式，使得话语更为复杂，并与说话者的主体性联系在一起。有必要指出它们之间相互影响的方式。

二　句法

在此被看作标准的语法提出了存在一些基本最小单位，即缩简为动词和论据的论点[③]。一些明确的操作方法与词汇的同时使用得以过渡到文本单位：即构成这些单位的元素在组群里的言语化和融合，以及在必要组群中插入对于最小单位来说非必需的随意组群。

（一）言语化

一开始的操作模式关乎到词汇单位的言语化，即采用结构 NOV（主

① 原文为：“C'est un Crésus”。“Crésus”本指克罗伊斯，用克罗伊斯来指代“富豪”——译注。

② 原文为：“Attendons. Des Nérons comme de la panthère/Dieu sait briser la dent”。该句中的“Néron”本指尼禄，用尼禄指代“暴君”——译注。

③ 参阅本书第 67 页（译著页码）。

语动词)。我们用词汇单位来填充这个结构，如“狗”和“叫”。为了构成与最小语法单位完全相符的文本单位，得用限定词和有词形变化的词素使名词“狗”和动词“叫”言语化。这里就是句法形态方法，同时还涉及符号到世界的回归[①]以及符号的所指。而这一回归又涉及指示性，通过指示性，动词时态的确定与说话者的现在以及语境中狗的指代性得以相连：“这只狗叫，叫了，将叫；这些狗叫，叫了，将叫等等”。就是在这个层级上某些辞格得以界定并且具有显著性特征。“每餐他都要痛批神甫”[②]，这和上文的换称一样，部分冠词“du”和名词“curé”（神甫）的连用，尽管从系统角度来看，名词“神甫”是可数名词，指代非连续性元素，此用法创造了一个显著的结构。“神甫”一词因此被转移到指示事物的名词类别中，限定词和名词类别之间就形成了一个亟待诠释的冲突[③]。像其他所有操作模式一样，言语化可以是一个特殊效果的载体。这个机制是普遍的，因为言语化是必要手段，没有了言语化就不会有话语，但是有时这个机制会形成一些可能突出的结构。这与某些条件有关，比如文化。“他吃羔羊肉”这句话很普遍，但是词语“羔羊肉”又形成了非连续问题，“他吃狗肉”这句话在法国会引起轩然大波，但在中国就不会，这是因为两国的习惯不同。“他痛批神甫”[④]，有过之而无不及。因而辞格是布局，是潜在效果的载体，它依附于语境、环境，其中包括文化背景。

（二）融合

在这样组建的最小文本单位中可以运用“发展”、“扩展”的方法。“发展”方法就是融合：在组群里加入一些成分，这些要素可以将组群发展，但不改变话语的整体结构，不添加新的组群。比如，给名词词组添加成分，名词词组由一个名词和一个限定词，一个形容词，一个由或多或少发展的文本最小单位构成的关系从句，或一个介名词词组构建而成：

风吹。(Le vent souffle.)

海风吹。(Le vent marin souffle.)

今早起的风吹。(Le vent qui s’est levé ce matin souffle.)

① 关于反馈概念，请参阅本译著第 24—25 页。

② 原文为：“Il bouffe du curé à tous les repas”。原文中的动词“bouffer”本义为吃——译注。

③ 参阅本书第 27 页。

④ 原文为：“Il mange du curé”。原文中的动词“manger”本义为吃——译注。

东风吹。(Le vent d' Est souffle.)

好几个辞格都建立于融合之上，也就是以这种方式，从“羊群咩咩叫”中得出了隐喻结构“桥之羊群咩咩叫”，或者从“一个太阳”得出矛盾修饰法的“一个黑色太阳”。丰塔尼耶把定语定义为“任何一个形容词，无论是简单的或是分词式形容词，我们把它与名词连用，并不是为了明确地定义或补充这个名词的主要概念，而是为了更加明确地显示其特征，或使其更有特色，更明显或更有力”①，定语就是以句法融合为基础的：

[……] 在这架柳条童车里，我学会在这悲哀的世界上站立。(夏多布里昂《墓畔回忆录》)

根据杜马塞的定义，委婉语是“把本可以简短地说或常常可用一个词来表达的，用几句话来表达的词语的组合，例如说‘大流士的战胜者’，而不说‘亚历山大’；说‘晨星’，而不说‘太阳’”②。婉转的说法也意味着用融合来发展。下面是对德利尔神父咖啡馆描写的节选：

最终，你的甜烧酒缓缓澄清，
冒着热气的杯中你的酒渣沉淀；
我的杯中酒，你的琼浆，美国之蜜，
是非洲的芦苇挤出的汁液，
一切就绪 [……]
(《自然的三个主宰》，诗篇 Ⅵ)。

“美国之蜜是非洲的芦苇挤出的汁液”这句诗是通过形容词和关系从句的组合而进行扩展的，其中“芦苇的汁液”建立在介词补语融合的基础之上。我们同时可以看到，是句法结构和语境让我们判定看到的是一个婉转句式还是一个特征描写，比如在系词范畴中：“蔗糖是芦苇挤出的汁

① *Les Figures du discours*, *op. cit.*, p. 324.

② *Des tropes ou des différents sens*, *op. cit.*, p. 169.

液”，使用的是同一类型的发展方式。

（三）插入

第二种扩展模式就是插入。插入“是建立在打断意群链的陈述能力和句法能力上的，句法能力就是将不必要的成分放入一些边缘地带，放入一些对文本最小单位的结构严密性不可或缺的区域中”[①]。与融合组群不同，这些不必要的成分不依附于任何文本单位组群，这是一些流动的、分散的组成成分，其显著特征是流动性，缺少衔接性。“一对情侣向她走来，缓慢的火流星，爱情的初生下颌［……］”（玛格丽特·杜拉斯《劳尔的劫持》）。从句法结构上讲，另一种排序也是可以的：“缓慢的火流星，爱情的初生下颌，一对情侣到了。”正如这个例子所呈现的，在插入的状语补语中可以看到隐喻中一些很重要的顿呼和同位语。这些插入不仅仅是出现在两个词连接的辞格中，例如用在插入语（*parembole*）中。插入语被定义为：“在相连的语法链中，话语被一个词或一个具有附带指示的词组打断，然而中断不会出现在统一的意群中。”[②] 因此就像莫利尼埃引用例子中指出的一样，插入语是处在一些意群的边缘：“所有专心的脸庞上流露出聆听着对我所言之事十种不同方式的曲解，并且在我讲话快结束时，一小群民众或者可以说是孩子，用蝉鸣来起哄［……］”用标点符号突出的插入语就是一个明显的例子：“在她那儿，目光——走到近处人们才会明白原来这一缺陷源自她的瞳孔那几近繁重的脱色——驻落在眼睛的整个平面”（玛格丽特·杜拉斯《劳尔的劫持》）。

当状语补语放在句首时，这种状语补语的插入就更加引人注目。这种插入可以进行动词与主语的顺序置换游戏，而其他方式则无法实现。在法语中，陈述时，动词前的区域不能空着。主语当然可以占据这个位置，但是如果一些句法条件已满足，动词前状语的插入就要求主语后置，并会产生一个明显的结构。在福楼拜《萨朗波》的这段话中，这种插入可以产生一种与交错配列法相关的特别节奏，这种节奏除了由插入语的位置产生以外，还由主语和动词分别在两个从句中的位置产生：“一片玫瑰盛开在法国梧桐树下；百合花遍地，摇曳在草坪上。”

---

① Joëlle Gardes Tamine, *Pour une grammaire de l'écrit*, *op. cit.*, p. 60.

② Georges Molinié, *Dictionnaire de rhétorique*, *op. cit.*, 1992, p. 247。当插入（insertion）用于有紧密句法联系的成分之间，我们可说侵犯（*transgressio*）或横切（*transiectio*）。

（四）干扰

文本单位是接近标准单位的，它的构建可能会被某些操作打乱，其结构会因此变得晦涩难懂。词序倒置就是这种情况。在创作者看来，这一术语有两种情况，一种是倒装，另一种可以定义为："因附加成分而造成的干扰。当句子或发展似乎已经结束，无论是因为语法抑或是主题—逻辑原因，话语又令人惊讶地延续下去，而其附加成分总是可以制造出强烈的效果。"[①]

一切都在向我膨胀，涌向我，诱惑我，
世界，肉体和反叛的天使
（斯蓬德《一切都在向我膨胀》）

标点符号在附加成分里被频繁使用，它们通过制造间隔来强调后者。在现代写作中，有时一个标点甚至可以分割句法结构："一阵壮观的沉静掩盖了一切，吞噬了一切。一个痕迹留存下来，一个。唯一的，不可磨灭的，还不知道在哪儿。"（玛格丽特·杜拉斯《劳儿的劫持》）"一个痕迹留存下来"构成一个尽管很短小但是完整的单位。"一个"的再次重复，重新推动了整个句子，为整个句子的终结埋下了垂落感，也使整个句子的地位变得不确定：它是限定词还是一个形容词？实际上原本是"一个唯一的"这样的表达，其中"一个"本来是限定语，只不过这一表达被拆分了。形容词"唯一的"本来和前边的成分相连，现在看来和"不可磨灭的"一样成为一个独立的附加成分。因此，"一个"的含义变得模糊，看起来就像是"唯一的"的同义词。

句法结构的断裂，错格的手法会导致对标准句法结构的干扰。"星期四的时候，她们俩人在学校空寂的操场上跳舞。[……] 女学监没了踪影，这天的大操场上只有她们两个，舞曲的间歇传来街上的噪音，来，塔佳娜，来呀，我们跳舞，塔佳娜，来吧"（玛格丽特·杜拉斯《劳儿的劫持》）。这里人们本以为句子的开头会有一个陈述使其句法完整："独自在空寂的操场上，她们……"这是话语中祈使句的模式。

（五）属性的外延

作为体系中规则的标准的概念，以及规则（至少是规律性和倾向性）

① Georges Molinié, *Dictionnaire de rhétorique*, *op. cit.*, p. 166.

和上一章提到的其运用领域的区分都涉及了从一个词汇范畴到其外部词汇句法属性外延的辞格。在这里就不讨论词汇分类的定义了，只回顾一下两种对立的词汇分类方式。一种是在词汇和句法的属性基础上分类的。让·克洛德·米勒内[①]就是这样将表示性质的词语定义为“不分类”，并将其归入特殊的范畴（“我的傻瓜邻居”，“一个傻瓜”）。尼古拉·卢卫[②]的分类则更为灵活，他认为“我的傻瓜邻居”和“我的上校邻居”两者不同的接受度并不能说明“不分类”这一类是唯一可以进入句法范畴的，只能说明明确性评价词语，并且经常是贬义的词语和其他词语之间存在一个连续的统一体。其他词语，比如动物名词（“一头驴”）、人生的阶段（“一个小坏蛋”），甚至是表职业的名称（“一位老师”），它们可能不是很适应预构建范畴，但却适应一些可能的范畴。如果用模式这个词，可以说侮辱性词汇是有模式可寻的，这个模式和某些范畴以及句法属性相关联。这些属性可以延伸至其他词汇，在“她的当老师的丈夫很注意自己的讲话”这句话中，“老师”本来是一种职业，在这里会意味着一种评价。关于“补语从句结构规则”，莫里斯·格罗斯对一些“动词的‘象征’用法”[③]有所研究。他指出一个像“噼啪作响”（*crépiter*）这样的动词通常是不用做连接补语从句的操作动词，可是它却可以在这样的结构中使用：“收音机干脆利落地告诉我们：一切都不顺利”，“他在我耳边噼里啪啦地说：一切都不顺利”。类似的插入用法在塞利纳[④]的作品里很常见，他将一些动词的属性延伸至另一个动词种类中，就像“声嘶力竭”、“流涎”这两个动词：“然而我声嘶力竭！…… 我流涎！……我负重！”表示地点的介词短语[⑤]，如“在……边缘”、“沿着……”也同样可以具有属性延伸这一特征，它们可以用来表示时间。在任何情况下，一个规则在某一领域适用，而这个规则在使用中和该领域并不具有一致性：语言的可能性产生了新的物质。

---

① Jean - Claude Milner, *Arguments linguistiques*, Paris, Mame, 1973.

② Nicolas Ruwet, *Grammaire des insultes et autres études*, Paris, Le Seuil, 1982.

③ Maurice Gross, *Méthodes en syntaxe. Régime des constructions complétives*, Paris, Hermann, 1975, p. 146 *sq*.

④ 《伦敦桥》。

⑤ 参阅 Christiane Marque - Pucheu, « Les locutions prépositives: du spatial au non - spatial », *in* Ch. Marque - Pucheu (dir.), *Langue Française*, n° 129, *Les Figures entre langue et discours*, Ch. Marque - Pucheu (dir.), 2001, pp. 35 - 53。

三　陈述

（一）指示性

由规范的语言结构向表述的过渡涉及话语的源说话人（*locuteur source*）。指示词的应用，如“我”、“这里”、“现在”均是相对于源说话人而言的：“当话语中出现的背景、地点与时刻是多重的，它们则都可以归结为用于定义表述行为的三个依据：一个是以第一人称‘我’说话的人，该人可以直接谈论世界，在时间与空间上均没有任何限定，否则是‘我’这个说话者所在的时间与地点。”① 这个“我”，或称为“自我”，为所有参与到话语场景中的人分配角色，无论是受话者还是所谈及的人。同样是这个“自我”，以他的现在为基础，即他开始讲话的时刻确定了时空坐标。一些辞格通过这些坐标得以实现，例如转品修辞格的转移现象，“将原有的时态、数或人称用另外的时态、数与人称代替”②。时态的替换是形象化描写的基础，用现在时态代替过去时可使描写生动，如在眼前，并且有助于与对话者分享那些所谓的共同的、当下的场景。语法中所说的叙述性现在时指的正是这种基于再现性修辞需要的时态用法；反之，再现要求一些特有的语言现象：“羽林军后面的溃退情形真够惨。军队突然从各方面同时一齐折回［……］这是一种空前的溃乱。内伊借了一匹马，跳上去，没有帽子，没有领带，也没有刀，堵在通往布鲁塞尔的那条大路上，同时制止英军和法军。”（雨果《悲惨世界》）。这样的转品手法也常被体育解说员们运用于比赛解说中。

人称的转品同样经常出现在日常场景或悲剧中，如一个母亲对她的孩子说话时使用第三人称：“这个孩子，他如此乖巧，他喝掉了所有的汤”，“今天他不听话”，使得表述带上了某种由各种情感因素所产生的疏离感。同样，赫耳弥俄涅对皮洛士讲到她自己时犹如讲一个陌生人：

阁下，我该相信是一点未尽的柔情
使你到这里找一个不幸的公主么？
还是该认为使你来看我的这种可喜的殷勤

① Joëlle Gardes Tamine, *Pour une grammaire de l'écrit*, *op. cit.*, p. 65.

② Fontanier, *Les Figures du discours*, *op. cit.*, p. 293.

只是出自你的义务呢？

（《昂朵马格》第三幕第二场）

在上述两例中，转品与某些隐性的问题相连。那位母亲习惯了孩子反复无常的食欲，于是惊讶于他的好胃口并为之欣喜，而赫耳弥俄涅质疑皮洛士对她的感情，不敢相信他还会再爱自己，所以她才没有直接说到自己，直到她将国王的到来归于责任，她才使用了“我”，因为在拉辛式的主人公身上只有不幸是唯一确定的。关于数的转品，如以“您”代替“你”，根据丰塔尼埃的观点，这同样很常见。当担心与某人对立，或反之，想要更鲜明地表达愤怒时，这种方式通过谨慎或轻蔑的概述表达来减轻个人色彩，如“你们女人……”

（二）主体性和语态

所有这些用法很明显地表现了说话者的主体性，即其人格。在语态中也同样如此。如果标准单位的结构是陈述句，在此基础上可以做不同的改动，比如那些刚刚提到的，而其他陈述性的改动也是可以的。说话者可以在句子的安排中进行个人陈述，真实的或者构建的，以及他与其他人的关系：命令、疑问和感叹[①]。这些手法都源于体现了言语行为且具有修辞特点的辞格。丰塔尼埃称为“所谓的思想辞格”，在他看来是“非任何一类辞格”[②]，他列举了感叹式，“一个强烈愿望的表达”[③]，和疑惑法，“内心残酷、痛苦的疑惑”[④]，在他给的例子中这两种手法经常建立在疑问句基础之上。至于顿呼，“一般经常和感叹句连用”[⑤]，“使话锋突然转向另一事物，自然的或超自然的，在或不在的，活着的或者死亡的，真实的或者抽象的，或者是自己对自己说”。除了语法上的呼语之外，顿呼通常还包括疑问语态和命令语态。丰塔尼埃认为，顿呼属于“表达方式修辞”，“听话，哦我的痛苦，别这样吵闹”（波德莱尔《沉思》）。

其他辞格可同时涉及指示和语态，比如“交流”，在丰塔尼埃看来，

---

① 事实上，感叹并非一直有自己的形式（它会借用陈述或疑问形式），从语法上讲它并不是语态，而是附加在真正语态上的一种语用效果。

② Fontanier, *Les Figures du discours*, *op. cit.*, p. 433.

③ Ibid., p. 438.

④ Ibid., p. 445.

⑤ 结合语法结构来标注修辞格的关联是再好不过的了。

通过交流我们假装询问对话者，把人格诉诸和情感诉诸相结合，以此来拉近距离。在他引用的让·巴蒂斯特·卢梭的《颂歌》一例中[①]，呼语，代词“您”和疑问句相结合从而来定义发展辞格：

那么会变为何样呢，回答吧世上的巨头们，
财产会用为何途呢，它们是你们希望的基石，
你们炫耀所得的财富，
而臣民、朋友、亲朋，一切将变得贫瘠。

在基本元素的基础上很多组合都是可能的。如果我们重新采用传统名称，这不是因为赞同传统的分类，而是为了表明我们可以结合明确的语法，像分析结构一样来分析辞格。语法可以解释文本单位是如何一步步组建的，无论是本义还是转义，字面义还是形象义。

四 词汇

如果辞格是在从空的标准结构到由特定词汇构成的话语过程中进行构建的话，主体性和语态的重要性在词汇中也同样明显。句法和词汇的衔接使得一些辞格更加具有形象性。比喻中会常常使用一些评价和价值论方面的词语：

您是秋日的晴空，粉红而明朗！
（波德莱尔《倾谈》）
人类蹂躏天地并非需要喝醉，他们本质上就有一种杀戮性！（塞利纳《伦敦桥》）

言语行为，如威胁、请求等，由特定词汇引出：“我预先通知你”，“我求你”，“我很遗憾”等，除了所用词汇的意思，词汇还可以在既定句法结构的内部，让一些特定词汇关系发挥作用，不管是在语义上还是在形式上。

① *Les Figures du discours*, *op. cit.*, p. 415.

(一) 语义关系

第一种关系就是词汇或者语群的简单一致性。在任何形式中，这种一致性在反复中发挥着作用，不管是偶然重复还是和句子结构相关的重复，关联重复（珠联类辞格，—x，x—），句首或句中重复（首语重复，x—，x—），句尾重复（结语重复，—x，—x），插入法（反复，x—x），不同词语反复的结合（交错重复，x—y，x—y）：“他们将会像拉撒路一样复活的；他们将会比拉撒路复活得更好，因为他们复活之后就不会再死了”（波舒埃《死亡的说教》）。

近义词叠用法，丰塔尼埃也称它为“变换反复”，劳斯伯格把它视为文体的美化，“华丽的词藻”是“为了语言表达的优美性”[①]，这是重复的一种特殊情况，内容重复的时候形式随之而变。它使得话语在近义的二元结构中得以发展，这种结构经常出现在散文体演讲中[②]：“一种清楚而明了的声音”（波舒埃《宣扬新教的说教》）。重点不在于一一列举同性近义词重复的所有情况，我们只讨论渐进，这种渐进以递增式强度列举近义词：“若您被他（耶稣）的眼泪、啜泣以及忏悔的痛苦震惊到，我的教友们，要知道，这种痛苦是要比一切享乐都要甜的”（波舒埃《关于忏悔效力的说教》）。

反义性，词汇意思相反，也是一种近义性，因为意义的对立是在概念一致的基础上形成的。它可用在对比中，比如波舒埃的文章中，或者出现在不太常用甚至不总是被承认的叠用（*paradiastole*）辞格中，通过叠用说话双方可以辩驳事物和价值的定性问题。昆提利安使用了希腊词语*paradiastolè*，但把它译成了“区分”（*distinctio*），并举例说明：“当你称自己聪明而不是狡猾，勇敢而不是自负，节省而不是吝啬。”[③] 元语言词语“叫”（*appeler*），在结构中不是必需的，但却频繁出现。词汇因而会介入自己内部以及反义关系中。

---

① Lausberg, *Elementi di retorica*, *op. cit.*, 162, p. 95: *un lusso del discorso*: *tende*, *come finalità*, *alla bellezza dell' espressione linguistica*.

② 关于同义性，它几乎是一个实际上不可实现的理想，因为同义词永远都只能是接近彼此，也就是说，是近义词。参阅学术专刊 *Synonymie et traduction. Du lexique à la rhétorique*, *Synergies Italie*, n°6, 2010。

③ Quintilien, *Institution Oratoire*, Ⅸ, 3, 65: *Cum tu pro astuto sapientem appelles*, *pro confidente fortem*, *pro inliberali diligentem*.

提喻法建立在以局部代替整体的关系中，即部分与整体之间的关系，“握方向盘”代替“开车”，或者上下位关系，当它构成所谓的“以种喻属的提喻法或反之以属喻种的提喻法”：“房子的主人啃食着植物，抚摸着动物，回应着向他打听今天消息的人。”[1]

所有的辞格都是词汇在既定句法结构中的结合，这种结合具有加强性，至少是兼容性，就像在渐进或冲突[2]中、对比或矛盾修饰法中。词汇在辞格和语义的构建中至关重要，但只限于确切的句法结构中。在 N0 V 主语动词结构中，借用米歇尔·庞迪[3]最喜欢的例子，“阿基里斯咆哮”中“阿基里斯”和“咆哮”，或者“月亮做梦”中的“月亮”和“做梦”就表现出一种冲突。在“桥之羊群”中，只有在名词性短语扩张的过程中才能营造“羊群”和“桥”之间的冲突。在所有情况中，形态句法和词汇的相互作用是根本的。

（二）形式关系

词汇不仅具有语义关系，还有形式关系。形式关系传统上称为音韵辞格，比如叠叙法（同一个词语有不同的形式变化：“我爱的人期待我的美好生活，我母亲期待我的美好生活”[4]），或者是派生法［一个词汇紧跟着另一个与之属于同根词族的词：“她亲吻着他二十次，或是上百次，不间断地亲吻”[5]（阿尔伯特·库恩《手记 1978》）］，只是形式关系在结构中只构成一个要素，而不是一个单独要考量的现象。在圣琼·佩斯的节选中，一些隐喻的例子可以表明这种情况：

> 傍晚，在你的岛屿以及周遭，这儿和那儿，海中无瑕之器四处扩张领土。［……］
>
> 在平静的梦中，鸟儿头埋羽毛中微微摇动；空心的果实，因虫食而晦暗，坠落于水湾之中，寻找它的声音。［……］

---

① Queneau，列日学派引用，*Rhétorique générale*, *op. cit.*, p. 103。

② Ibid., p. 22.

③ *Grammaire philosophique des tropes*, *op. cit.*

④ « Cette merveilleuse vie où mes aimés m'attendront, où ma mère m'attendra »，原文中动词 *attendre* 不同变位形式的使用——译注。

⑤ « Elle le baisa vingt fois ou cent fois, à baisers ininterrompus »，原文中第一个亲吻（baisa）是动词，第二个亲吻（baisers）是名词——译注。

岛屿在辽阔水域的包围中熟睡着，热流和肥腻的鱼白在与浓厚淤泥的频繁接触中洗刷着海水。（《克鲁索画像》）

在此段节选中可看到好几处都使用了隐喻[①]。很明显的是，这些隐喻不仅靠语义关系支撑，和形式、声音及书写的关系也同样密切。“Vaste”（广阔的）紧跟着阳性名词“vase”，并且重复，在阴性名词“vases”中又是另一个意思（传统的复辞修辞法），用“cirque”这个词来表示圆形，从图像层面看，“creux”（空心的；窟窿）这一词也具有圆形的意象，尤其突显在“criques”（小湾）一词中，还有“croquet”（槌球）一词，很小程度上来说，“coques”（蛋壳）一词都展现了圆形这一意象。声音和文字的结合增强了语义。这就是谐首双关的原则［圣琼·佩斯作品中的“leurre”（圈套）和“loess”（黄土）］，也是谐缀格和押韵的原则。这种声音上的布局首先起着加强音律和韵律的作用，比如著名的诗句“泪流在我心里，雨在城上淅沥”（« Il pleure dans mon coeur/comme il pleut sur la ville »），但是音韵辞格也是一种语义辞格，它可构成拟声谐音，比如在《墓畔回忆录》中的这一选段，夏多布里昂让人联想到“没有神职人员的教堂里的乌鸦的尖叫声”。通常语音的相似性会形成语义的相似性，或者至少存在某种关系，比如“sombre”（阴暗）和“ombre”（影子），“abîme”（深渊）和“cime”（顶），这些韵脚在雨果的著作里很常见。评论界称之为“创新的同音异字文字游戏”，是马拉美、阿波利奈尔或者圣琼·佩斯惯用的，比如：

我除非使其保持沉默
才会感到家庭的气氛
军装裤给我的双腿
罩上一片鲜红的光晕
（马拉美《斗士》）

至今，局部辞格被认为可以组建多种结构，比如句法方面，在不同的

① 原文中的隐喻有“le vase de la mer”，直译为海的花瓶，“le cirque des eaux vastes”直译为辽阔海域的马戏场——译注。

操作模式下，词汇单位的运用保证了向文本单位的过渡，而词汇单位通常和语义及形式的特定关系相连。这些结构需要借助语言的一般属性，只有在特定语境使用中，这些结构才有特定的解释。它们构成了一个“矩阵”[①]，具有不同的含义。

这种含义以及转义（形象义）无法在孤立句中进行解释，除了一些特殊情况，比如在谚语或格言警句中，句子和简单形式的类型一致。这些含义很大程度上取决于文本的结构和类型，以及最后一章所分析的超越文本的要素。这里只强调辞格只是一些普通结构，是潜在性和形象性的载体，在由系统向文本的过渡中起着连接不同语法层级的作用，因而不存在任何的偏离，只有在特定语境和既定环境中语言现象的趋同或分歧。在此基础上，应该通过对要素的研究来继续分析，进而在这些辞格中区分不同的派别。

① “隐喻是形象化表现的源动力，它不是表象，而是在表象的基础上成为隐形的”（Jean Molino，Françosie Soublin，Joëlle Tamine，《Problèmes de la métaphore》，*op. cit.*，p. 35）。这里对隐喻的解释适用于所有的辞格。

第六章

结构准则

上章所描述的操作模式并不专属于修辞格范畴，因为那些模式自身可以构成完整语句。应当通过一些特殊的机制来完善这些模式，因为特殊机制能够在潜在的形象化辞格中对类型进行区分。其实所有辞格莫不如此。然而，某些特殊功能和特征的共性使得某些辞格成为形象化的最佳选择。通过这些要素我们可区分出那些普通的，不以内部机制为支撑的要素，以及那些可以界定此类机制的要素。我们将对这些问题逐一进行研究。

一　通则

（一）基本辞格和派生辞格

潜在形象性辞格，通过在既定背景及情况下，词汇和句法的相互作用而产生，但这些辞格并非都具有同等的重要性。一些辞格组成了我们所说的基本辞格，用于自身或是用于其他二级辞格的构建。正因如此，我们可以看到语言辞格、比喻（事实上，正是比喻构成了这些初级单位）和延伸更为广泛的修辞格之间的差别。此外，在二级辞格中，某些辞格被划分到比喻这一类型里，如夸张。这涉及另一个区分原则。但是，并非所有的二级辞格都处于同一层级。一些修辞格表现出一种基本辞格可能产生的效果，并揭示出理性和本性—感性之间的差别，如曲言法或夸张法；而其他修辞格将基本辞格当作基础材料加以使用，从而构建一个全新的辞格，例如迂回法。拟人是基本辞格产生的最明显的效果之一。对此，丰塔尼埃说道："拟人在于将一个无生命、无感觉的实物，或一个抽象的、完全理想化的东西，变成一种真实的、有形的，且具有情感和生命的存在，即我们所说的人。这一转化，若需解释的话，要通过说话这一简单方式，或者完全的言语上的想象来完成。拟人需要借助换喻、提喻或隐喻来实现。”[①] 丰塔尼埃阐释了第一种类型，即用容器、躯体来借代精神，或是将符号作为借代的对象。例如，当我们说到“鲜红色和棕色粗呢”时，实际是在说“富人和穷人”（用“3 号桌上的火腿三明治”比喻坐在三号桌的穷小子）。第二种类型，是通过“抽象概念的提喻”来进行阐释的（用“被遵守的奴隶制度”来比喻“顺从的奴隶”）。第三种类型，是通过精神暗喻肉体，或用肉体暗喻精神，如用“忧伤乘坐后座”暗指一个忧伤的人坐在后座上。对丰塔尼埃而言，拟人与它所依据的基本辞格相同，是一种具有自制性的比喻手法。它是一种派生的效果，其唯一的特点在于将无生命领域和有生命领域相结合。丰塔尼埃并未把这类将动物视作人类的例子纳入到这个范畴，然而莫里尼埃[②]的《修辞学词典》却保留了这类例子。这种差异性体现了概念操作性的特点。

隐喻与借喻和提喻不同，它不包括近似术语之间任何特殊的词汇关系，隐喻在拟人手法和二级辞格的使用中尤为常见。在塞利纳的《伦敦桥》一书中，作者十分钟爱使用夸张的手法，在一连串的夸张中，正是基于隐喻，高层级才能得以实现：“我仍然拥有一次神圣的机会，能够遇到一个如同我的维吉尼亚一般的精巧之物！……一个如此这般从天而降的女孩，是一个真正的吉祥物！……一个光芒四射的美丽的尤物！……”

虽然迂回并不是某个基本辞格产生的一种效果，但却依赖于这种如同基础材料一样的基本辞格。杜马塞的定义明确地说明了这一点：迂回是“把本可以简短地说或常常可用一个词来表达的，用几句话来表达的词语的组合”。因而它不像夸张手法，不是比喻产生的一种效果，而是一种旨在避免使用过于明确的词语的集合。使用迂回的原因也是多种多样的（喜欢猜谜语，想要表达诗意，担心遭到审查，等等）。圣琼·佩斯[③]运用了隐喻的手法，把日本广岛原子弹爆炸的情景描述为“天空中一棵有毒的大树”（《风》，Ⅰ，6，p. 24），这是一种普通的描写，因为这种表达和在那个时代美国新闻报道上常常见到的描述是一样的。当迂回的对象是我们未加以命名的财产、物体或人时，它便是借喻法，例如用“滑铁卢的战败

① *Les Figures du discours*, *op. cit.*, p. 111.

② Ibid., p. 269.

③ 参阅 Joëlle Gardes Tamine, « La périphrase chez Saint – John Perse », *Styles*, *Genres*, *Auteurs*, 6, Van Dung, Le Flanchec et Claire Stolz (dir.), Paris, PUPS, 2006。

者”或者“奥斯德立兹的战胜者”代指“拿破仑”。迂回同样也可以是提喻，本体与喻体从个体到种类或从种类到类别，如《风》（Ⅰ，4，p. 19）一书中的“旧维多利亚时代的温室”，喻指一种特殊的暖房，即“棕榈室”，这是一种维多利亚时代的建筑，里面聚集了世界上所有品种的棕榈树，在伦敦南部的邱园[①]里就可见到。与借喻、提喻或隐喻不同，拟人、夸张、迂回并非由一些特殊机制来界定的，而借喻、提喻或隐喻是语义的影响下或发展模式中特殊机制的结果。

某些辞格也常借助词义反用法。莫里尼埃对词义反用法作出如下定义：“词义反用法是一种比喻，旨在理解话语表达出的相反意义，即表明话语的否定含义或对立含义。”[②] 莫里尼埃补充道：“只有在表达形式更加形象时”，如表现讽刺意义时，“反语才是可以被使用的，同时也是必须被使用的”，例如用“她就像一门大炮”来描述一个丑妇。但是并非所有使用反语的情况都是为了表达讽刺的含义，反语同时也是一种委婉的表达方式，我们可以通过使用反义词来达到缓和话语的目的，如用“尤曼尼蒂丝”这种婉转的说法来代替冷酷凶残的“伊莉尼丝”。然而并非所有委婉的说法都是通过反语表达出来的，就如同拟人的修辞手法未必都是通过隐喻来实现的。如果阅读马克·伯挠姆和安德烈·奥哈克[③]关于“性方面婉转表达”的分析，我们就会发现某些委婉的说法其实体现的是提喻和换喻的效果，例如用“手术”代指“性行为”。诚如这两位作家所言，修辞—语用学的作用就是以另一种方式说明问题，委婉是一种“派生”辞格，或是二级辞格。理性对派生辞格没有特殊的定义，派生辞格处于另一个层级。但这并不意味着应当将派生辞格与其他辞格分开，因为派生辞格对于文本和话语的诠释有着显而易见的重要性。之所以把辞格分为基本辞格和派生辞格，是为了更好地区分辞格系统中的基本辞格和在话语背景影响下形成的推论型辞格。但如果不了解说话人（人格）的意图或受话者（感性）的解释，是无法察觉出这类推论型辞格的。

---

① 邱园指的是英国皇家植物园林——译注。

② *Dictionnaire de rhétorique*, *op. cit.*, p. 57.

③ Marc Bonhomme, André Horak, « Stratégies rhétorico - pragmatiques de l' euphémisme dans le discours publicitaire », *Synergie Italie*, numéro spécial, *Euphémismes et stratégies d' atténuation du dire*, coordonné par Ruggero Druetta et Paola Paissa, 2009, p. 57 *sq*.

(二) 预构建与构建：本体论与语言学

应当注意所有的符号都具有多种指代类型：指代话语之外（聚合模式）或话语之内（组合模式）的另一个（另一些）符号，指代符号本身（自指性），指代世界（语用学角度）。在语用指代中，作为基本要素的所指对象，无论是既定的，还是被创建的，都构成了一种特殊情况：从符号到指定物体的特殊情况，但也可能存在其他的模式，如对说话者、受话者、指示语等的指代。这些差别有助于区分不同的辞格类型。例如，当修辞学论及思想辞格时，相对于词语本身，修辞学更关注的是词语与现实的差异性，正如丰塔尼埃以“想象辞格”名义搜集到的大多数辞格所体现的那样。简单地说，“想象辞格”旨在用不同于事实本身的方式来介绍事实，如拟人法。在丰塔尼埃的修辞学著作中，反语被视作一种词语辞格或思想辞格，词语和世界之间的关系界定了反语：“反语旨在用一种讥讽的文字进行表达，这些文字或是有趣的，或是严肃的，与我们所想的，或与我们想让他人思考的完全相反。”[①] 正是话语本身和词语之间的关系构建了辞格。相反，其他超越词汇组合的辞格则建立在用符号表示物体之间的预构建关系之上。虽然传统上人们通常很少强调基于预构建的辞格和仅由话语构成的辞格之间定义的差别，但这种传统是十分必要的，一方面是为了使换喻和提喻相互对立，另一方面是为了使换喻和隐喻相互对立。如果换喻建立于物体的关系之上，那么隐喻便意味着符号与符号之间的指代。米歇尔·庞迪依据相关联词语间的关系纯粹只是语言学或本体论上的关系这个理论，在隐喻分析中对两种类别进行了区分，比如“阿基里斯咆哮”和“月亮做梦”[②] 之间的异同，他提出了一个值得关注的差异性，但这个差异性掩盖了一个事实，即在这两种情况下，隐喻是建立在符号的意群组合之上的，即主语和动词，这种意群组合能引起人们的注意，因为这些词语不属于相似领域。对于大多数提喻和换喻来说，是相反的情况。在“他手握方向盘”这句话中，从语言学角度来看，没有什么特别之处，但从提喻的角度来说，对其可以进行探讨[③]。从组合关系看，辞格并不是在话语中形成的，它基于预构建结构，预构建结构从聚合的角度把“方向盘”和

---

① Fontanier, *Les Figures du discours*, *op. cit.*, p. 146.

② Ibid., p. 63.

③ Nicolas Ruwet, « Synecdoque et métonymies », *Poétique*, n° 23, 1975.

“车”结合在一起。可以这样定义提喻，提喻是建立于局部词/整体词，或上位词/下位词的关系之上的，而这些词汇关系只表示了非独立存在的物体之间的某些包含关系，从局部到整体的物质关系（“方向盘”和“汽车”），或从种类到类别的逻辑关系（用“动物”代指“狗”，例如，“你的动物的毛又掉得到处都是”）。显而易见，就像所有的辞格一样，提喻和换喻需要一种通过句法形成的从符号到符号的指代，但是提喻和换喻并不建构组合符号之间的语义关系。本体论支撑着这种语义关系，即使语义关系还能衍生出词汇关系。隐喻的情况则与此不同。根据米歇尔·庞迪的观点，我们可以说“月亮”和“梦”之间的组合是“本体论观点所不能容许的”[①]。这意味着修辞是以否定语气，而非物体间的既定关系构成的。比喻完全是由话语创建的，而话语并不基于预构建之上。总而言之，本体论以两种不同的方式在辞格中起作用：或因本体论提出了物体之间的某些预构建关系，或因语言结构提供了一些组合，这些组合忽略了这一已知条件，并在某个特殊的文化背景中，违背了我们看待世界的传统方式。

（三）本义和双重含义

句子包含一种本义，它独立于根据语句所作出的推论。正如弗朗索瓦·何咖纳迪所言，这一点是无可辩驳的：“‘我是法国人’这句话，能够表达无限数量的命题，这些命题可以涉及不同种类的人物。但是相关命题必须与句子潜在的语义相协调。这就是为什么‘我是法国人’这句话无法解释‘袋鼠有一条尾巴’这个命题的原因。”[②] 话语会立刻产生一种解释，并终止所有的错误判断和推论。何咖纳迪补充到，我们能够“暗示”袋鼠有一条尾巴。众所周知，一切都依存于对“所涉及的问题”的界定。我们能够随时对上下文背景和语义进行调整，这些调整指引着我们从句子中得出推论链：“隐含的内容是根据推理得出的，推论链能（在原则上）与之保持同等长度，并实现我们想要的同等数量的背景假设。”[③] 这个机制必然把修辞手法和整个话语的解释作为基础依据，把“我是法国人”和“月亮在做梦”作为依据。在这层含义上，整个句子，无论是否运用了修辞手法[④]，都能够提供大量的推论，并从句中词语的组合所产生的意义开

① Michele Prandi, *Grammaire philosophique des tropes*, *op. cit.*, p. 60.

② François Recanati, *Le Sens littéral*, *op. cit.*, pp. 16 – 17.

③ Ibid..

④ Ibid., p. 22.

始。然而某些辞格，如讽喻或反语，需要一种“双重含义”。如果说“双重含义”是连续推理的产物的话，它更像是从一个领域过渡到另一个领域的通道，没有它，这些辞格便无法被察觉。辞格需要一种跳跃式转变。

有时，人们将寓意定义为隐喻联喻。昆提利安如是定义寓意：“隐喻联喻构成了寓意。”对他而言，孤立隐喻和寓意之间的关系，与反语—比喻和意象反语（辞格）[①] 之间的关系如出一辙，这是一个从隐喻—比喻到寓意之间的尺度问题。然而，一个本质的差别将寓意与隐喻联喻区分开来，在隐喻中，属于两个临近领域的词语的意群相互结合，“牧羊女，哦，埃菲尔铁塔，桥群在今晨低鸣”：我们在此采用佩雷尔曼和奥尔布莱茨—图泰卡所创造的术语，即本体（我们所谈论的）和喻体（用隐喻的手法说出的）的结合。亚里士多德曾举过这样一个例子：“像蝙蝠的双眼会被日光所缭乱一样，我们灵魂的才智会被最显而易见的事物所蒙蔽。”关于这个例子，事实上佩雷尔曼和奥尔布莱茨—图泰卡建议“把 A 和 B 两个领域的词语的整体称为‘本体’，由此支撑结论（灵魂的才智，显而易见的事）；把 C 和 D 两个领域的词语的整体称为‘喻体’，用以支持推理（蝙蝠的眼睛，日光）。”[②] 在这个例子中，本体和喻体同时存在于话语之中。相反，寓意中只会出现属于喻体的词语，换言之，即只会出现作为喻体，人们能够自由地对其进行解释的同类词语。当人们试图把这些词语和另一个领域相比较时，什么都无法确认这种比较关系，因为本体和喻体之间存在一种“融合的缺乏”：“寓意远不是一种隐喻，在寓意中我们会发现一种以最低程度的接触而展开的双重链条。”[③] 为了定义寓意的特点，丰塔尼埃将之与“寓意化”区别开来，更确切地说，这类接触在“寓意化”中得以产生。寓意的喻体组成了一幅独立的画面，如同布瓦洛创作的《诗的艺术》中的诗句一样：

> 比之湍流，我更喜爱溪流，在柔软的砂石上，
> 在满是鲜花的草地上缓缓流淌，
> 而湍流，则在暴风雨时期泛滥，

---

① ［...］*quem ad modum allegorian facit metafora, sic hoc schema faciat tropos ille contextus. Institution Oratoire*, *op. cit.*, Ⅸ, 2, p. 183.

② *Traité de l'argumentation*, *op. cit.*, p. 501.

③ Chaïm Perelman et Lucie Olbrechts - Tyteca, *Traité de l'argumentation*, *op. cit.*, p. 540.

在满是淤泥的土地上卷起砂砾漫天。

无论是喻体反映出的风格，还是流动的水流，都无法表明我们处于本体之中。相反，有了寓意化这种“虚假的讽喻”，喻体便不再独立于其他成分，本体和喻体在上下文冲突的联系之中得以显现。以下是丰塔尼埃借用马尔蒙泰的例子：

温柔的灌木竖立在繁茂肥沃的河岸，
河流的波浪卷起珍宝件件，
我的精神备受珍宝琼浆的滋养，
感受新生枝芽的生长。

这个例子将“精神”与“灌木”相联，在“这从温柔的灌木中可看到马尔蒙泰的精神”，在“这条富饶的河流中可看到伏尔泰和窝王纳本身”[1]，内容被给予了明确的指引。在讽喻中，内容是开放性的，或说仅仅是可能的。辞格只有从聚合的角度由一个领域过渡到另一个领域的情况下才能存在，且第二领域的确定通常包含着任意性的一面。反语的情况与此相同，但常常被忽略。换言之，讽喻和反语面临着两种风险。在最中立或最单纯的话语中，到处都能看到“第二等级”，相反，我们也能够忽视讲话者所作出的“话语的尝试”，即讲话者清楚明白地说出一件事是为了让人们明白另一件事。双重含义需要默契与揣测，这并非是一种普通的推理，双重含义需要在一条逻辑链或伪逻辑链中通过想法和词语的结合而确立。对于讽喻而言，双重含义是从一个领域到另一个领域[2]中词语之间的运用；对于反语而言，双重含义则是字面含义的颠倒，或者至少是字面含义的贬义解释。

尽管语言符号音义结合的过程在理论上是不受约束的[3]，但它却受到了符号所指的明确规定。语言符号音义结合的过程以临时终止的方式结束，或因一个特殊事件的所指对象成为必然，或因上下文背景阻止了符号

① *Les Figures du discours*, *op. cit.*, p. 116.

② Ibid., p. 96.

③ Ibid., p. 68.

的结合。因此，文本中词汇提供的解释项使我们给一个特定的语言符号的音义结合赋予了这样或那样的过程，这样或那样的词语，比如阿波利奈尔的作品主要是通过季节和植物方面的词汇来比喻人身体的各个部位："心是悬挂在树上的柠檬"，"手是秋日的落叶"，等等。每个人都能自由地将组合链进行下去，但是含义是要借助上下文的。对于读者来说含义构成了字面义，人的大脑"首先"产生字面义，但这种产生的过程并非易事。我们还记得，精神义"是字面义隐藏的含义，由此可以说，精神义嫁接于字面义之上，正是字面义所指的事物催生了人们头脑中的含义"[①]。因此，"女人是花朵"这个隐喻句子中，我们可以推出一个次要含义，即"应当细心谨慎地对待她们，因为她们十分脆弱"。并非所有的辞格都位于同一含义层级之上，无论是字面义，还是精神义。某些辞格的解释有助于字面义的构建，字面义在一种配合及含义形成结束时优先于精神义，通常这种含义的形成以相互矛盾的词语开始。再次引用阿波利奈尔的诗句来加以说明，"美人鱼在悲吟"这句话，具有一层字面含义，同时也用来暗示工厂汽笛的噪音，"美人鱼"和"悲吟"特征的配合构成了这层含义，解决了词语间的矛盾冲突。矛盾修饰法或提喻亦是如此，不管这种冲突是纯语言方面的（"黑色的太阳"），还是现实方面的（很明显，"手握方向盘"实指汽车），第一层字面含义形成了，并且第一层字面含义是推断第二含义的基础。我们可以称之为"组合义"，这与讽喻和反语中的双重含义有所不同，这两种辞格都属于精神义范畴。反语需要一些特殊的结构，如减少换喻（伏尔泰的作品《老实人》中，"娶他的教母"这一表达指不遵守天主教的清规戒律），这些特殊结构需要在词语的意群组合中得以解释。反语还需要过渡到另一个层级，即对不宽容的批评，尤其是对教会不宽容的批评。这是一种由文本类型决定的对聚合关系解释的方式，只有当我们怀疑该方式在作品中的作用，或者在超出理性清楚表达的情况下，这种方法的使用才会有效，并且说话者和受话者会在同一问题中相遇。

（四）直接含义与迂回

由文本构建出的复杂义组成了一层表达，而这些表达是受话者在一系列的推理中形成的，即使是依赖于对象之间的预构建关系的修辞手法，如换喻或提喻，情况亦是如此。理性通过两种理论上截然不同的方法，直接

① Dumarsais, *Des Tropes*, *op. cit.*, p. 204.

或间接地指引着这些推理。通过第一种方法获得的大部分是针对受话者的话语辞格。丰塔尼埃①将“推理式思想辞格，或组合式思想辞格”称为占据（防止异议），商议（假装尚未作出决定），交流（假装咨询他人），支撑（激起他人对结尾点睛之笔的好奇）。这类修辞法将他人置于交流的中心，对于另一个咨询和准备交流的人来说，人格退居其后。提问、顿呼、让步从句等语言方法构建了演说家及关心读者反应的作家的表达。如此产生的意义可能会受到质疑，但却是直接建立的。

相反，其他辞格必须以迂回为前提条件，比如引喻或谜语，引喻“在于让我们领会到所说的事情与未说的事情之间的关系，这种关系本身会唤起灵感”②；马尔蒙泰这样定义谜语：“谜语本身是一种由模糊而晦涩的词语组成的事物的定义，然而这些全部集合在一起的词语仅仅指定了所描述的共同对象，并在头脑中留下了揣测共同对象的乐趣。”③ 引喻或谜语明确说出的内容与两者想要暗示出的内容之间并非不存在一种关系，然而这种关系却被自动掩盖了。马尔蒙泰坚持认为谜语是一种智力游戏。“明喻、隐喻、讽喻、寓言、标志、格言、象征”这些修辞法的情况与此相同，简而言之，它们都是以类比为基础的辞格。然而当谜语通过一些具有双重含义的词语，或提及需要定义的事物的不相关特点，来混淆这些关系时，这就变成了一种“简单的练习”。此处涉及两个领域的结构和在一个领域内部发挥作用的结构之间的差别。当弗朗索瓦·于连比较中西方文化获取含义的方式（或获取意义的方式）时，他看到了一个根本的差异：西方文化通过“分解”模式，纵向接近一些截然不同的层面，尤其像我们在讽喻中看到的那样；中国文化仅停留在一个层面上，“迂回”地说一件事情，从而表明另一件事情，这是通过横向衔接实现的：我说“云朵”，实际上是指“月亮”。弗朗索瓦·于连说，“刺激”模式（兴）的“趣味已然展开”④，由于这种模式是在精神层面催生的，因而“从产生的角度来看是最为迅速的”；由于从云朵到月亮的过程意味着一次“震荡”（即使这两件物体共存于同一片天空），因而“从含义的角度来看是最为间接的”。

---

① *Les Figures du discours*, *op. cit.*, p. 410 *sq.*

② Ibid., p. 125.

③ Marmontel, *éléments de littérature*, *op. cit.*, p. 477.

④ François Julien, *Le Détour et l'accès. Stratégies du sens en Chine, en Grèce*, Paris, Le Livre de Poche, 1995, p. 141.

“通过刺激内部要素的方式来联系外部世界，这便是刺激模式（兴）：这是外部世界的面貌，它们调动了内部要素”①。这里又再次展现了本性与感性的区别。

（五）话语，陈述

双重含义阐明了从话语到陈述之间过渡的重要性：如果话语中的迹象能够让人怀疑字面含义之外可能还有另一种含义的话，这就体现了陈述语境举足轻重的作用，对于传统修辞学中的思想辞格来说，这种决定性作用尤为突出。正因如此，弗朗索瓦兹·德博尔德解释了在古希腊、罗马修辞学中思想辞格与语言辞格的区别：“通过运用思想辞格，演说者假装与对手，或神明，或自己讲话，而不是同法官讲话，他一直构建出新的对话人，而事实上他所说的一切都是说给法官听的。[……] 他甚至努力让人们忘记陈述的关键和当前所处的境况，忘记此时某人正在此情此景讲话 [……] 演说者还能够唤起听众的配合 [……] 最终话语里只剩下修辞格，演讲通过辞格来自我评定 [……]”②

如果所有的修辞格都是一种词语辞格，且所有的词语辞格都需要通过一种推理系统来进行阐释的话，那么这两种辞格类型的对立性便肯定无法被证实，尽管这类推理与词语相连，都或多或少在推理所引起的解释项与结合链之中脱离了词语。话语/陈述之间的对立性构成了两极，辞格便处于这两极之间：通过对句法及词汇的分析，某些辞格能够被辨识，如那些与反衬相关的辞格；一些辞格直接依赖于陈述，另一些则同时属于上述两种情况，如隐喻。

弗朗索瓦兹·德博尔德提出的分类让我们得以统计大部分的话语辞格。根据话语流程和到场的听众（情感），或根据涉及自身的演说者（人格），这些辞格可分为两大类，第一种类型关注交流中的人物，比如顿呼，可涉及一个切实在场的人物，再比如与一个虚构的对话人交谈的拟人法。通过交流，我们“看似咨询”他人，和“他人进行商谈，并相信他们自己的决定”③；或是通过让步，我们提前表明反对，减少或假装减少对话

① 弗朗索瓦·于连援引自宋朝的李仲蒙，*op. cit.*，p. 145。

② Françoise Desbordes, « Rhétorique antique et figures de pensée », *op. cit.*, pp. 35 – 36.

③ Fontanier, *Les Figures du discours*, *op. cit.*, p. 414.

人之间的意见分歧。《献给赫伦尼厄斯的修辞学》一书中说到，准许、让步假设法在于完成并恢复“他人所希望的所有事情”[①]。像形象化描写一样，明显性辞格和生动性辞格设置了一种既定的共同的情境，这种情境是为讲话者或作者，以及受话者或读者而设定的，这些辞格很好地解释了从话语和语法现象（例如，现在时的时间转换）到赋予前者意义的陈述之间的过渡。反语明显是在受话者的参与之中产生的，面对既定目标时，必须与之互相呼应。

对于第二种类型，弗朗索瓦兹·德博尔德认为，说话者根据自身的话语进行定位，并对这些话语进行修改（换语法），撤回（倒摄法），寻找最合适的语言（疑惑法），或是突出语言——弗朗索瓦兹·德博尔德没有提及这个范畴，然而这一范畴在所有形式的冗余性或聚焦中都被提到过——，同时还有在某些语态中情感的表达，如感叹，或在言语行为中情感的表达，如抱怨、叫喊、愿望或遗憾。这些表达能够让说话者展示他想向别人建议的人格。无论是否被修辞学系统化，无论是否被贴上了一个特殊的标签，这一类辞格由于其主体性和陈述载体的作用是值得我们注意的。

首先所有上文谈到的差异性，如基本辞格与派生辞格之间的差异性，预构建与构建之间的差异性，字面义与精神义之间的差异性，话语与陈述之间的差异性，尽管这些差异性在辞格中扮演着重要的角色，但由于它们过于广泛，无法作为辞格分类的基础。其次这些差异性尚未加以排列，因而它们不能构建分类。再者那些将被研究的特别的特征也难以构建分类，只是这些特征先进入了模式操作而已。

二　特殊模式

某些模式得到了传统的详细描述，另一些模式虽未被详尽描述，但却发挥着不容忽视的作用。一些模式与因结构而相近的领域相关（从相同到异同），如类比或对立；其他模式则与强度等级相关，依据这些强度等级，说话者确定他所讲述的相关事件；另有一些模式与强调符号本身相关，无论符号是否被清楚地显示，还是仅仅从属于自指性语态；还有一些模式与被修辞学命名为“文体色彩”的相关，后者旨在将事件呈现在听众“眼

① *Rhétorique à Hérennius*, *op. cit.*, Ⅳ, 39, p. 178.

前”。这些都是与理性结构相关联的机制，处于事先描述过的一般模式之中，同时只要语境允许，这些机制就会与模式相结合，产生修辞效果。这些机制为理性提供了可能性，而理性可能性的实现是离不开人格和情感的。

（一）共性和异性

两个逻辑—语义机制在许多辞格分析中都得以发展：相似机制，更广义地说，类比机制，或与之相反，对立机制。这些机制让我们得以从总体上描述将两个领域相互联系的辞格类别，这些辞格在不同程度上具有相似性或者对立性。并非所有修辞格都需要同时具备这两个等级。某些辞格，如一些含有言语行为的辞格，或者更广义地说，在陈述中发挥作用的辞格，仅包含了一个等级，例如急收法，它中断了话语的展开，导致句子结构及观点停留在未完成与不完整的状态；再如拟人法，把语言赋予一个没有讲话能力的对象，如一个死者、一个不存在的事物或是一件物体等，仅限于对场景的铺成。一旦这种缺失在文章中出现，它便占据着话语的空间。讽喻并非如此，因为讽喻要求把两个不同的机制相联，如同“单燕不成春”谚语中的季节和人类的行为活动。反衬则在将这两种机制相联的同时进行对比。大部分此类辞格都与《论论辩》中提到的组合技巧和分离技巧相关，或者与《修辞学原理》[①] 中强调的共性和异性相关。

1. 类比辞格

相似和类比通常是领域之间，或本体与喻体之间相互接近的原因。相似和类比体现了明喻、隐喻、排比、讽喻等许多辞格的特点，所有这些辞格都涉及了两个机制，借喻也不例外。相似和类比可同时出现在话语中，例如在“牧羊女，哦，埃菲尔铁塔，桥群在今晨低鸣”这个隐喻联喻中，是组合层面上的结合。也可遇到二者仅有其一出现在话语中的情况，如讽喻，在该辞格中，可以从聚合的角度重新建立缺失的机制。当这种重建具有实现的可能性时（对于“月亮做梦”这句话，“梦”这个词又重新构建了什么呢?），它便是一种非自动意识行为，比如受缚于预构建；同时它可和只涉及一个领域的提喻或换喻相结合：在“方向盘”这个词基础上重新构建出“汽车”并非难事，因为方向盘是汽车的一部分，并且始终谈论的

---

① Chaïm Perelman, Lucie Olbrechts - Tyteca, *Traité de l' argumentation*, *op. cit.*; Michel Meyer, *Principia Rhetorica*, *op. cit.*

是同一个物体。相反，如果我们用一种温和的声音讲话，这包含了现实中的两个方面，即听觉和触觉，且这两个因素是在模糊的类比关系的基础上结合的。因此存在着这样一类辞格，它可以使一个系列接近另一个系列，并且让一个系列应用于另一个系列中，或者将二者同化。当然，类比是分程度的，其理由并非总是显而易见，从超现实主义隐喻的任意性，到形式和内容间逻辑关系的比较，这种比较常有一个相同的基础：一种关系使两个不同的领域相互结合，这种关系并非预构建而成，是在不同的形式，如对照、明喻、隐喻、讽喻等中，通过话语和句法构建的。

丰塔尼埃说过，对照这一修辞法“在两种或是连续、或是混合的描述中，构成了两个我们想要展示其相似性或差异性的物体。通过这两种描述，其中的一个物体在外形或精神方面会接近于另一个”①。莫里尼埃的词典将对照描述为“老一套的话语发展”，它将“两个物体相互比较，通过对比的方法人们可以理解这两个物体对应的品质：现象，状况，特点”②。事实上，对照是在两个连续的语段、意群、分句、句子或是分句的集合内部对本体和喻体进行对比。从雨果《沉思集》中“人民拥有愤怒，火山拥有岩浆”③ 这句诗，到丰塔尼埃引用的长对比句，拉布吕耶尔笔下高乃依和拉辛的长对比句，或是伏尔泰笔下黎塞留和马扎林的长对比句，这些都体现了该辞格的整个发展过程。对照不包含特殊的结构，它可以与其他辞格相结合，如在雨果的例子中，第二部分没有再次使用动词“a”（拥有），这构成了语法上的省略，即传统修辞学中的省略法。对照还可以借用任意一种结构，但需要注意的是，第一部分结构通常会参与到第二部分结构中：“黎塞留，是高大、崇高、无情的敌人/马扎林，是灵活、机智、危险的朋友。”④ 对照有时也会借助于排比，尽管这不是必需的。排比在传统修辞学中也被称为“句群重复法”，排比是指“在两个或n个连续的序列中，同一形态句法结构的反复，这种反复伴随着韵律、语音，或是词汇—语义的重复或差别”⑤。上述例句所运用的就是这种方法，

① Fontanier, *Les Figures du discours*, *op. cit.*, p. 429.

② *Dictionnaire de rhétorique*, *op. cit.*, pp. 241 - 242.

③ « Le peuple a sa colère et le volcan sa lave ».

④ Voltaire, *La Henriade*, 丰塔尼埃引用, *Les Figures du discours*, *op. cit.*, p. 430。

⑤ Jean Molino, Joëlle Gardes Tamine, *Introduction à l'analyse de la poésie*, t. 1, *Vers et figures*, Paris, PUF, 1992 [1982], p. 209.

两个序列都各使用了一个专有名词，专有名词后接着两个形容词和一个名词词组，这样的结构可通过不同的词语来填充。稍后我们再深入讨论逻辑—语义关系这个问题，此处对于名词词组而言，逻辑—语义关系属于对立关系（在雨果眼中，逻辑—语义关系是类比关系），这两个序列的出现，只有并列这个句法工具能够标识这种对立。这意味着两个对照词语是相互独立的，特别是两者之间不存在等级。《论论辩》中写道，“通常情况下，喻体比本体更为大家所熟识，应当阐明其结构，或者建立其价值，或是整体价值，或是词语各自的价值”[1]，对照与此不同，在对照修辞中，这两个领域相辅相成。

明喻中，这两个领域会同时出现，有一样工具能明确表达两者之间的临近关系，这就是语法词素和关联词素，如“犹如”，“像……一样”，“如同”等，或是词汇单位，如“和……相似”，“与……同样”等。明喻的主题，“中间参照体”，有时是既定的，比如“阿克琉斯像一只雄狮一样迅猛狂热”。严格意义上来说，此处并没有涉及一个领域在另一个领域中的应用，只是二者之间存在一种联系，但阿克琉斯和狮子依然是相互分离的。当明喻出于增值或贬值的目的，让一个领域接近另一个领域，从而被定义为典范领域时，借用《论论辩》[2] 中的术语来说，这是一种联系或是一种“对立”[3]。此处本体与喻体之间存在着一种不对称关系：喻体构成了一个能够确立本体的参照点。本体和喻体可拥有相似的理由，但这种相似也可以是任意的。洛特雷阿蒙的《马尔多罗之歌》中“美得像……”这一表达是对上述观点最为清晰的阐释：金龟子“美得像酒精中毒的双手的颤抖”，或者年轻的麦尔文“美得像猛禽爪子的收缩”。“如卡车一般美丽”这一短语曾被使用过，尽管从理论上还是凭借经验都难以解释，但我们能够为其找到相应的证明。其实，这一用法力图证明这些已变得混沌不明的比喻是正确的，在一个并不幽默的说话者口中，传统表示某人高傲的表达方式“像阿塔本一样高傲”就会变成“像一个香烟酒吧高傲”。在这个理论中，明喻不要求本体与喻体之间存在某种必然联系。

即使所有的明喻都是在一个领域与另一个领域之间产生的，但其产生

---

① Ch. Perelman et L. Olbrechts – Tyteca, *Traité de l' argumentation*, *op. cit.*, p. 501.

② Ibid., p. 328.

③ Ibid., p. 97.

方式却不尽相同。众所周知，当喻体在特定情况下作为比喻的一方，代表了一个典型，并指明最高程度上具有可比性的个体或事物时，我们能够更容易地区分数量比较（“多于……”“少于……”）和品质比较（“枯萎的花瓣就像她的眼皮”，阿波利奈尔《五月》），“像……”一词并非总是能够凸显这种区分，比如“强壮如牛”、“红似牡丹”。我们将在稍后的章节中对此问题继续分析，而此处，需要强调的是两者之间这种明确的比较关系。

隐喻因其句法结构而不同于先前两种辞格类别，它的结构将两个领域相结合。不能简单地将隐喻定义为简略的比较[①]，因为这两个领域相依存，并且涉及了暗喻（*métaphore in praesentia*），暗喻通过句法这一工具缩小了本体和喻体之间的距离：

> 阿克琉斯是一只雄狮
> 阿克琉斯，这只雄狮
> 这只阿克琉斯雄狮

或者还可能涉及借喻（*métaphore in absentia*），在借喻中，本体依据上下文背景标记（“这只狮子”），以聚合的方式进行重组。与此同时，比喻缩小了阿克琉斯和狮子之间的差别，将二者视作两个不同的单位实体（这两者之间的联系只有在某种角度、某些条件下才得以建立）。马克斯·布莱克[②]认为，隐喻形成了本体与喻体之间的同化，或者至少在两者之间产生了一种相互作用。在他的著名例子“对于人类而言，人就像是一条狼”中，人不再是人，而狼却仍旧是狼：一种新的表像在此重建，人和狼旋而属于同一种类。当隐喻在相关联的词语中构建了一种复合义时，例如把一个名词词组和一个动词相连接（“美人鱼在悲吟”），或把一个名词和一个形容词相连接（“一个温暖的声音”），喻体便成为本体的一个特征，而这个特征并非是独立存在的。

至于讽喻，如果严格地定义，并不能将讽喻视作一种形象化修辞，因

---

① Joëlle Gardes Tamine, *Au cœur du langage. La métaphore*, *op. cit.*, p. 52.

② Black, Max, *Models and Metaphors. Studies in Language and Philosophy*, Ithaca, Cornell University Press, 1962.

为在形象化修辞具象的外衣下会隐藏着抽象的概念，应当将其视作一种双关，一种从字面义推出的精神义①。讽喻意味着在话语中本体和喻体之间没有任何关联，存在于隐喻中的不同领域之间的融合，在讽喻中是“不予接受的”。“正因如此，讽喻才有别于隐喻联喻”②。

2. 比较等级

上文所谈到的四种辞格都是基于一种共同的机制，它们拥有不同的近似等级和同化等级：从简单纯粹的并列到同化再到融合。在对照和讽喻中，不同的领域是完全分离的。两种辞格之间存在着差异性，对照只有在两个相近领域的背景中才能够存在，比如“拉辛讨人喜欢”、“高乃依有学识”、“黎塞留为人直率”、“马扎林灵巧机敏，善于逃脱”；而讽喻只会给出两个领域中的其中一个。在对照中，各部分间的关系是清晰明确的，通过并列的方式，有时是通过比较级形式的并列方式体现出来的：“相比之下，高乃依的品行更加端正，拉辛的秉性更加淳朴”③，即使上述比较中的第二个比较对象没有在句法结构中得以体现［“（高乃依的）品行比拉辛更加端正”］，但是从语义角度来讲，它体现在对照句的第二个部分当中。在讽喻中，各部分间的联系需要从聚合的角度进行重组，而其中表明各个领域之间关系的词语都不会出现在句子之中。在对照中，只有在某些点、某些相似之处或差异之上，两个个体、两个物品才能进行比较：高乃依和拉辛在他们给公众留下的印象、效果方面的可比性，黎塞留和马扎林面对困难时态度方面的可比性，他们中的一人直面困难，另一人则绕过困难，选择逃避……讽喻这种修辞手法，是一种逐项运用：从文中出现的元素开始，在元素中，假定出一个喻体，寻找这些元素之间的相应之处，寻找重新构建的本体范围内它们的译释，或对或错。维克多·雨果的作品《沉思集》中有一首名为《有一天，我看到》的诗，是对以上论述最清晰的例证。诗的第一节提出了一个喻体，最后一节对此加以阐释：

有一天，我看到，在不断涌动的波涛边上

---

① Black, Max, *Models and Metaphors. Studies in Language and Philosophy*, Ithaca, Cornell University Press, 1962, p. 68.

② Joëlle Gardes Tamine, Marie - Antoinette Pellizza, « Pour une définition restreinte de l' allé gorie », dans *L' allégorie corps et ame*, *op. cit.*, p. 13.

③ *Les Figures du discours*, *op. cit.* p. 430.

飘扬着他鼓起的风帆，
一艘快船乘着疾风，
在浪涛和星辰的陪伴下前行；
[……]
大海，是上帝，悲苦或幸福，
所有命运都将其显示，以此命名；
清风，是上帝；星宿，亦是上帝；
而船舶，是人类。

第一节诗句中每个元素从字面上看都拥有一个精神对应联系，从而在最后一节诗中形成字面义和精神义之间的对立。此处，机制的单一性和任意性完全显示了出来，因为在理论上，任何一个系列都能参考借助另一个系列。排比和讽喻根据一个显著的差异，即可比性和相异性差异而相互对立。对照必须以一些不同的领域为前提条件，这些领域在某些方面属于同一范畴，如剧作家、政治家。讽喻则相反，要求“一种最低限度的接触”，以此避免各个系列之间联系的缺失。

“比较”这个词集合了不同领域的事物，它可运用于数量比较中，如“多于……”、“少于……”与类比运用机制[①]相比，数量比较和定向等级的联系更为紧密，同时“比较”一词还集合了两个概念，即比较本身和相似性。在拉丁语中，这是两个完全不同的词语，“*comparatio*”（比较）和“*similitudo*”（相似性），但是法语几乎不再使用“*similitude*”（相似）这一容易令人产生疑惑的词语，因为这个词会让人们认为，聚集起来的元素是类似的。但常用词“*comparaison*”（比较）无法让人们分辨出是否这种近似性在同质元素和异质元素之间发挥着作用。纳尼娜·沙尔保奈勒赞同这种差异的存在。这个差异早已被米歇尔·勒盖尔恩提出，他希望在数量结构中保留“*comparaison*”这一术语，并且将“*similitude*”这个术语运用到质量结构中[②]。与之相反，纳尼娜·沙尔保奈勒认为，“在‘*comparatio*’和‘*simili tudo*’之间，涉及的不是数量和质量之间的关系问题，而是同质的定义问题”[③]。

---

① *Les Figures du discours*, *op. cit.*, p. 92.

② Michel Le Guern, *Sémantique de la métaphore et de la comparaison*, Paris, Larousse, 1973, p. 53.

③ Nanine Chabonnel, *La tache aveugle*, *L'important, c'est d'être propre*, *op. cit.*, p. 18.

“相似”是“一项十分神秘的活动（尽管这项活动超出了日常范围），其目的在于证明人们所知道的已然的东西！如明喻”①，因而这种分配并不存在于数量和质量之间。事实上，一些近于异质的数量比较（“清甜赛过孩子贪吃的酸苹果/绿水渗透了我的杉木船壳”②）和某个一致领域之内的质量比较（“像一个拳击手一样被击倒”）是存在的，“美丽得如同……”这一表达不加区分地引入了一个同质或异质的比喻对象。

隐喻中存在着这种同质和异质之间的对立。如果说冲突这一概念的主要目的是为了对隐喻进行阐释，其原因正是由于冲突概念所涉及的领域是互不相似的，即使有时这一概念的使用最后是让隐喻看似相像而告终。毫无疑问，传统中的这类例子是存在的，如隐喻，它建立于下位词的词汇关系之上：“阿克琉斯怒吼”，“怒吼”便是“大声叫喊”的下位词，这种情况体现了同质的概念。如果说分类比功能分析更为重要的话，那么将隐喻变成提喻则无疑更加合理明智。即使已经运用了修辞手法，“年轻的女孩是一朵鲜花”或“大海在阳光下微笑”，这类表达足以显示异质性的存在。

总而言之，上述观点提出了相似性和类同性的本质属性问题，二者在诸多不一致的元素之间发挥着或者能够发挥某种作用，且没有什么会预先促成这些元素之间的比较。

3. 相似和类比

“相似”和“类比”这两个概念常常在分析中③被混淆，仿佛两者本就如此，甚至在一些通常致力于准确性描述的著作中也不例外。因此，在《认识论的技术和解析词汇》④一书中，“类比”一词被定义为：“在一门既定的学科中，当一名学者将 X 和 Y 进行类比，他通常会得出以下结论：(1) 在 X 和 Y 之间存在某些相似性；(2) 尽管这些相似点，X 和 Y 在其他方面是互不相同的；(3) 从某种方式到某种程度上，从 Y 的角度出发，通过运用一些适用于 Y 而又不会使人们自发地联想到 X 的概念和思维模

① Nanine Chabonnel, *La tache aveugle, L'important, c'est d'être propre*, *op. cit.*, p. 17.

② Rimbaud, *Le Bateau ivre.*

③ 参阅 Joëlle Gardes Tamine, « Métaphore, analogie et syntaxe », 收录于卡琳娜·杜维纽（Karine Duvignau）、奥利维埃·卡斯盖（Olivier Gasquet）和布鲁诺·高默（Bruno Gaume）主编的 *Regards croisés sur l'analogie*, *Revue d'intelligence artificielle*, Vol. 17, n° 5 - 6/2003。

④ Robert Nadeau, *Vocabulaire technique et analytique de l'épistémologie*, Paris, PUF, 1999, p. 9.

式，对 X 进行思考与描述；类比能够让人们更好地领会或理解 X，抑或是将与 X 相关的某些论点变得更加合情合理，条件是，Y 必须比 X 更为人们所熟知，且更易被理解”。我们至少可以说，这个定义很好地解释了类比的作用，然而在与相似性相关的机制方面却不甚明确，这同时也是界定相似性的另外一种方式。

在经院哲学诞生之后，应当区分两种类型的类比，即归属类比和比例类比。在第一种类比中，两个相近的元素之间包含了一种直接且易于描述的关系。亚里士多德在《尼各马可伦理学》① 一书中并未对“类比”一词进行定义，但他列举了以下例子：“‘健康的’这个词从类比的角度来说，用于表示健康的原因、健康的标志以及健康的主体。”“健康的人”这一表达，其因果之间关系的引申义是“健康的医学”，其符号和所表明的含义之间的关系则是“健康的尿液”。运用修辞学术语来说，上述关系就是换喻的关系。人们常常会下意识地将亚里士多德所研究的第二种类比类型，即比例类比，和相似性进行比较，其中数学比率（2/4 = 3/6 = 9/18，等等）仅仅是一种特例。比例类比是基于两组或多组词语之间的比率恒等式。类比是“一种结构上的相似性，最常见的形式是：A 之于 B 就如同 C 之于 D”②。类比至少涉及四个词语，其中两个从属于本体，两个从属于喻体。词语之间比较的原因并非总是显而易见的，相反，与换喻关系不同，这些原因并不是预先构建好的。在修辞学范畴中，可以说是话语建立了各项之间的比较关系，而话语并非是由此形成的结果。类比因而构成了一种转移：“在两个部分之间（……），形成了一种相互对应的操作，我们可以称之为应用。”③ 最明晰的修辞学例子要数讽喻了，但是某些局部隐喻同样是基于比例类比，就像亚里士多德区分出的某种隐喻类别所展现的那样：“类比存在的条件是，第二个词之于第一个词，就犹如第四个词之于第三个词；用第四个词替换第二个词，或者反之用第二个词替换第四个词，有时还通过添加一些与被替换词有关系的词来修饰隐喻。如杯之于迪奥尼修斯，正如盾之于阿瑞斯；因此把杯叫作‘迪奥尼修斯的盾’，而把盾称为‘阿瑞斯的杯’。又如老年之于生命，正如黄昏之于白昼，因此可

---

① Aristote, *éthique à Nicomaque*, Ⅰ, 4, 1096b 27 – 28.

② Lucie Olbrechts – Tyteca, Chaïm Perelman, *Traité de l' argumentation*, *op. cit.*, p. 502.

③ Jean Molino et *alii*, « Problèmes de la métaphore », *op. cit.*, p. 32.

以称黄昏是‘白昼的老年’，或者像恩培多克勒那样，把老年比作‘生命的黄昏’，或‘生命的落日’。”[①] 这些例句都涉及了隐喻，后者用介词“de”（的）将两个名词连接起来，类似形容词或动词词性的隐喻通常也建立于某种比例之上：“一颗沉重的心”（心/悲伤的 = 物体/沉重的），“女歌唱家咕咕叫（懒散无力地唱歌）”（女歌唱家/唱歌 = 鸽子/咕咕叫）。

由于这些隐喻包含了四个词语，因而都是明显的类比。如果说它们都基于一种相似性基础之上，那么应当明确指出的是，这是一种结构上的相似性。这正是比例的特性。事实上，从严格意义上说，相似性仅仅涉及两个单位，即话语中的两个部分：A 与 B 相像。明喻和暗喻为我们提供了最好的例子：“阿克琉斯像一头雄狮，阿克琉斯是一头雄狮。”严格地讲，相似性只在比喻中才真正起到作用，它将两个物体分离，而在隐喻中，相似性则导致了一种同化。

如果我们想更清楚地知道，这个概念的内容究竟是什么，答案是不得而知的。“像……一般美丽”这个比喻已经证实了上述观点，如同某些超现实主义的隐喻一样：“女人的指甲就像收紧翅膀的天鹅”（戴思诺《破晓时分》），或者我们使用隐喻的修辞手法，将其称之为“尾巴”的东西（实指彗星的尾巴）。

> 记忆是狩猎的号角
> 号角之声随风而逝（阿波利奈尔《打猎的号角》）

这证明了一种神秘莫测的相近性。除了我们常常试图以特定方式运用语言的诗性话语，日常生活中的隐喻也并非更易于诠释。因此，当我们让孩子们解释暗喻“我的记忆是一个漏勺”这句话中“记忆”和“漏勺”之间的相似性时，一部分孩子会说，如此比喻是因为漏勺可以过滤任何东西，另一部分孩子会说是因为漏勺可以保留住精华。这个例子说明，相似性的概念是多么含糊不清。无论是物体之间的相似性（涉及两个单位），还是结构上的相似性（类比：涉及四个单位），这一概念分为三种类型：正相似，汇集了所涉及的对象以及相似对象之外的对象之间的共同特征，比如头发和金子之间颜色的相似性（“金色的头发”）；负相似，包含了一

---

① Aristote, *La Poétique*, *op. cit.*, 21, 57b, p. 109.

些不相融合的特征（比如一些自相矛盾的隐喻，如“瞎灯”）；中性相似，包含那些我们不能确定究竟是不是共同特征的特征。玛丽·海西[①]在认识论中区分了这三种类型的类比。大多数比较型辞格涉及的都是中性相似和中性类比。米歇尔·庞迪提出了两种类型的类比：逆退式类比和渐进式类比。第一种类型“是我们共享的认知遗产的一部分”，因而从属于预构建体系；第二种类型“是无法独立于表达的”[②]，因而从属于构建体系。把类比分为正相似、负相似和中性相似的这种区分更为合理，因为它涉及了事物的对立面。无论是哪一种情况，中性类比或渐进型类比是联系两个领域所使用的修辞格中最为常见的。读者或受话者对特征的捕获，对其属性的探究都受到了限制，并且构建类似利科所说的“像……一样看”的表达也受到了限制，“像……一样看”的表达形成了某种相似性，这种相似性不是预构建的，而是在话语中产生的：“至少我们可以更好地理解为什么正类比可能是无用的，主要是因为从整体上把两个对象的含义看作是中性类比：这便是缝纫机和雨伞进行类比时的情况。因而存在着一个连续体，驱使由词语本义的正类比构成的死隐喻，变成最令人惊叹、最生动的隐喻，在这种隐喻中，句意解释的不通畅性似乎是建立在一种近乎完全负类比之上的（‘孤身独处的人是楼梯’）；对含义的需求迫使我们超出字面义来理解，并且迫使我们在分析时要考虑到所有的中性类比。”[③]

因此，比较辞格有时是建立于某些类同性或客观相似性基础之上的，例如当“比较（*comparatio*）”将某些同质性领域相联系时，有时是建立在矛盾之上，在这种情况中，辞格依然构成了某些潜在相似性的动力。正如朱迪特·施朗格[④]所言，类比或相似仅仅表示在任何情形中我们可以在主体和喻体之间，“在一个意义圈和另一个之间”循环往复。当提喻要表达“人类”是“必然会死去的”这个事实，并假装忽略所有其他也终将死去的生命时，提喻强调的是一个已经广为人知的特性，而不是建立一个新的意义圈。相反，由于不需要重现预构建，将一个领域运用到另一个领域的比较辞格会产生某些创新。

---

① Mary Hesse, *Models and Analogies in Science*, University of Notre - Dame Press, 1970.

② Michele Prandi, « L' analogie entre catégorisation et expression », dans *Regards croisés sur l' analogie*, *op. cit.*, p. 735.

③ Molino et *alii*, « Problèmes de la métaphore », *op. cit.*, pp. 30 - 31.

④ Judith Schlanger, *L' Invention intellectuelle*, *op. cit.*, p. 184.

4. 领域间的冲突：负类比

佩雷尔曼和奥尔布莱茨—图泰卡合著的《论论辩》中，对比了两种类型的论辩：一种是建立于“关联”之上，“关联使得最初被视为独立的要素彼此紧密相连”；另一种类型的论辩则使这种关联断裂并使之分离[1]。从矛盾的角度看，尽管这种相似和类比强加了一种同质形式，形成了第一种类型的辞格，但依然会存在有着共同基础却彼此相分离的领域。这就是对照辞格。用玛丽·海西的话来说，此类辞格是基于负类比之上的。基于这种或大或小的一致性基础，所分离出的各要素之间的差异被展现出来。这类辞格在原本存在的一个范畴基础之上，以某种方式创造出两个范畴，这与将一个范畴应用于另一个范畴而忽视其区别的正类比或中性类比辞格是截然相反的。

反衬辞格就是话语把意义相反的词语单位进行对比，这意味着它们之间存在一种关系：反义的解读只不过是建立在同义的基础之上的。高和低是垂直性的两个范畴，光和影则是光亮的两个范畴……它们之间只是一种接合和对比，而不是一个范畴应用到另一个之上。除了像隐喻一些辞格外，是不存在特殊的句法工具的，两个相反意义的概念可出现在同一命题中（“天使触碰到你时变为天使抑或魔鬼”，雨果《欧纳尼》，第三幕，第六场），但常见的是命题与命题之间的对照（“他们做了又拆。一个拆一个砍。”同书，第四幕，第二场）。两个单位被以不同的方式同时聚合又分离。由此，两个元素和排比式对比的句法结构可以是相同的，但是经常会出现这种情况：任意一个句法结构中，句法构造只建立在词汇关系上，比如在下面这句诗中的动词结构和补语结构：

> 他爱她：不过这狠毒心肠的寡妇
> 至今只是拿仇恨来回敬他的爱情
> （拉辛《昂朵马格》，第一幕，第一场）

这种存在于同一语境中相互对立词语的共存性是最重要的。根据共存性的不同形式，我们可以区分几种特殊情况。排比中的交错配列法，颠倒

[1] *Traité de l' argumentation*, *op. cit.*, p. 551.

第二部分中要素的顺序，比如在下面例子中，并不能确切地说是对照[①]，但它涉及了中性类比：“机敏的船长，忧虑的情人”（圣琼·佩斯《海标》，第三节）。倒置（*reversio*）或倒置反复法（*antimétabole*），是通过词语的重复而实现的（“吃饭是为了活着，而活着不是为了吃饭”）。除了标志性外，辞格的构建方式和词汇功能的发挥尤为重要：无论何种情况，构建方式都表现出了差异性和所预想的一致性之间的一种冲突。恨如爱一样，两者都有可能成为爱的回报，在吃饭和活着之间，则有一个必要的连接。对照因此处于两极之间：一极是离析的，是不可调和的，尤其是当它借用句法的否定而非词法的反义时（“为什么我是罗马女人？或为什么你不是罗马男人？”高乃依《贺拉斯》）；另一极则相反，结构中汇集了词语，并且要求一种意外的兼容性（“大多数的朋友厌烦了友谊”，拉罗什富科《箴言集》）。

隽语同样也是一种离析，是叙述中所表达的话语和它或明或暗参照了臆断所表达的意思之间的差异。“我所指责的这般平等，不是引导人们追寻禁止的享乐；而是完全吸引人们去追求被允许的享乐”（托克维尔《论美国的民主》）。在这段托克维尔的节选中，其观点在排比的第一部分就被明确表达出，在第二部分用否定和词法对照将它推翻。所以这不是一个普通的对照，因为它表现出两种呼声，一种属于民众，而另一种属于讲话者。我们预想着它们的重叠吻合，但它们却是相对立的。

矛盾法，如“明眼瞎”（若戴尔《爱》，XLⅡ），就从对立的角度阐释了一致和不一致，表面上看是一个明确的分离，实际上是对立的结合。矛盾法这个术语是在19世纪才出现的，而在此前，确切来说只是对立词的结合或者更简单地说就是词的结合、对立的统一。迪普里耶在《辞典》中强调了这一双重性：“这两个词应当涉及相对立的特性，但这些特性属于同一对象，这就是词语的结合和离析之间的区别。”[②] 词语在句法层面上相互关联，名词—形容词、名词—动词、并列（“一下子我干枯了，我又重新披上绿装”，路易斯·拉贝）……但是从词法角度看又是不可相容的，至少乍一看是这样的。离析其本身，是把一些毫无关联的语词不恰当

---

① 这也不是同义的，这也经常会发生：“这个城市/如此宏伟的城墙/英雄如此云集”（拉辛《昂朵马格》第一幕，第二场）。

② Bernard Dupriez, *Gradus. Les procédés littéraires*, Paris, 10 - 18, 1984, p. 31.

地并置在一起。《辞典》中就以布列顿的话为例，如“可溶解的鱼”、“皇族与平民结婚的雪崩”。不兼容并不意味着毫无关系，从某种意义来说，矛盾法是跟隽语相关联的，因为隽语否定了仅是它本身的一个事物，而肯定了不仅具有别的意义，甚至还具有与其相对立的性质特点：负类比的冲突达到了顶峰。

因此，当修辞格涉及相结合的两个领域时，或者涉及将其内部成分相分离的一个领域时，这就是一致性与区别性之间的角逐了，依据米歇尔·梅耶的说法，这是建立在界定修辞个体间距离的协商基础之上的，这也正是我们要讨论的：“从一致性到差异性，这足够让我们在讨论中分离出另一个自我。[……]论证的构建总是在个体间的距离中形成的，要么是它自身涉及问题本身，要么就是通过人格和情感的关系，和其他问题及其意义创造出一种一致性，或者使之与最初提出的意义相反的阵营相契合。所有这些与所论证的是相独立的。”① 理性直接体现了这种亟待解决的冲突。

（二）语言的层级

解决这些冲突涉及一些与阐释相关联的动态过程，这些过程都是最基础的：语言是一个非静态体系，语言构造出这些过程，说话者和受话者将其实现。穿越定向层级的可能性构成了另一个模式。夸张就是提出了一种更高更强的层级定位和一个或然相反说明意义的途径，从而找到唯一或者一种正确的方法。即使层级的布局是由说话者或者受话者主观安排的，其原则还是通过语言本身的构造组织来体现的。这再次体现了理性谋局，人格或情感定局。

简单而平凡的话语就足以说明在语言中存在着动态的量级，如，“他有两三个假期计划”，而不是“他有三两个假期计划”，“他差不多二十岁”，指的并非是他略略超过二十了，而是指他还没完全到二十岁。勒内·里瓦拉在关于对比的书中这样总结“量化作用”的特性：

> a）量化作用发生在量级上［……］
>
> b）量化作用的过程具有动态特征：它旨在贯穿整个层级［……］
>
> c）这个贯穿层级的过程是定向的，跟层级自身的方向是一致的，

① Michel Meyer, *Principia rhetorica*, *op. cit.*, p. 109.

即从低到高（从小到大）。[①]

量化作用自然是在量化对比中表现出来的，但未必涉及两个分离的范畴。相反，吉尔斯·福康涅则坚持这种“对比的普通性质”，即：“应用于同一维度的内部”[②]（“皮埃尔比昨天跑得快”，“皮埃尔以他最快的速度在跑”），或是从一个维度到另一个维度（“皮埃尔比让跑得快”，“皮埃尔强壮得像一头牛”）。这都是同一层级上不同程度的对比，这意味着首先要将它们定位。米歇尔·梅耶指出，诸如以下表达，“让跟玛丽不一般高”可以理解成让的身高更低，而“让跟玛丽不一般矮”可以理解为让的身高更高。因此他总结道，不同的解释是跟每次形成的问题联系在一起的，高大还是矮小，而非身材[③]。但是首先涉及的是逻辑的特征和定向的层级：在这两个例子中，存在一个向高质量层级的动态穿越，高大和矮小，只是矮小的高层级是接近于零度的。“皮埃尔没拥有像玛丽那样的高度”，所以他更矮，如果“他没有像玛丽那样矮”，则他更高：这两例中，玛丽的身高并没有一个固定的标准。

这些层级，不管是否与对比相关联，都是数量层级（“［……］在美国，人们为了让异教徒皈依本教，溺死了一千万的异教徒”，伏尔泰《斯卡尔蒙塔多游记》），借用里瓦拉的术语，这同样也是一个“量化评估”的层级，通过该层级可评价一个要素，因而也可以说数量是质量的数量。事实上，所有对象的客观等级都是无法估计的，它们之间界限的频繁缺失，就如同事物本身性质的相关特征（说到一头大象和一只老鼠的肥大，所指的并不是同一尺寸），因而评价是非常必要的。词汇包括有所指的词语，如“人”，纯粹评价的词语，如“愚蠢”，还有兼具所指和评价功能的词语[④]，如“破房子”，这些词语在其分类功能上，还被赋予了一层评价功能。评价，不管是严格意义上的，还是附加在所指意义上，都界定了一个层级的程度：“破房子”是不会和“宫殿”处在建筑质量的同一层级之上的。因此词汇提供了一个定向的词法组织结构，通过说话者的主体性来

---

① René Rivara, *Le Système de la comparaison. Sur la construction du sens dans les langues naturelles*, Paris, Minuit, 1990, p. 30.

② Gilles Fauconnier, *Espaces mentaux*, *op. cit.*, p. 172.

③ *Principia Rhetorica*, *op. cit.*, pp. 165 – 166.

④ René Rivera, *op. cit.*, p. 117.

实现，这种模式体现于好几种辞格中，并且词汇构建了辞格的基础，或是跟其他要素被同时应用。

修辞格中最鲜明清晰的此类例子就是夸张和曲言法。在夸张中，理性在数量层级上构建了向高层次过渡的过程，它可简单地通过一个指示词，如表示标度的词“很”或“太”[①] 来进行，但这些词并没有指出一个明确的要触之即止的界限。另外就是界限的明确标识，可通过比较的方式（“如上帝一般俊”，“没有比此地更凶险的了”），或通过一个词素，需要时可通过增加一个表态要素来强调此种语言活动的主体性（“他的公寓，真是个陋室”，“这简直是一个粗制滥造的作家”）。曲言法首先指出的是该层级的底层程度（“最早提出‘亲兄弟，明算账’这个简明扼要的格言的人，远不是一个傻乎乎的年轻人”，阿尔封斯·阿莱）。如果在夸张修辞法中，对话者可以自由地降低层级：“皮埃尔并不像上帝一般俊，但是总的来说，他还是够英俊的”，那么相对应的在曲言法中，对话者亦可将其所述程度提升：“这个著名格言的创造者非但不傻，且远非如此。”对此我们可以无止境地讨论一番，《熙德》中的名句“走吧，我一点也不恨你”，这句话构成了一个曲言表达法，还是只是纯粹的本义，判定已经不重要了，重要的是理性包含一种层级定向的动态法则，人们可以根据语境，根据具体情况，根据关键点，简要说就是根据修辞学问题，来自由选择进不进行层级的穿越，而且有必要从符号学和修辞学的角度去区分充满潜在性的理性和使言语得以实现化的人格及情感这三个层次。

委婉，也是一个对相关事件“言语缓和的形式”[②]，这种迂回方式的使用会形成形式的多样化，比如用“严重的”而不是“灾难性的”来形容一个局势：我们采用一个层级的下限标准，出于惧怕或是忌讳等，来避免直接提及一个难以承受的事实。可以说，委婉是曲言法的一种特殊形式，它通过间接方式来表达一些很残酷或是令人生畏的物体、事件、个体等，比如说到欧墨尼得斯时[③]，“她们是一切，只是心情不愉悦”。对于表示恶意的层级，可通过词义反用法，采用零度，但若是在一个性质相反的

---

① “太”在日常语言中足可以表明一个高层级：“她太过了。”

② 参阅 *Euphémismes et stratégies d' atténuation du dire*, *Synergies Italie*, *op. cit.*。

③ 欧墨尼得斯（Euménides）是复仇三女神阿勒克图（Alecto）、墨纪拉（Mégère）和底西福涅（Tisiphoné）的总称。在希腊文中意为“仁慈的人”，这是由于希腊人敬畏神祇，担心直接说出女神之名会招致厄运，故而对女神使用的敬称与讳称——译注。

事件中，这就要求受话者将话语层级升至与此相反的另一极点。

通过这种量化机制，一系列的此类措辞都具有了可能性，这种机制也适用于其他辞格，如“一个贞节浅薄的妇人”这种表达旨在把层级降至零度，但并未完全达到，从而不赤裸裸地说出“毫无贞节”，以达到一个单纯的缓和，或是通过对高程度的否定形成一个讽刺意义（“她没有什么高尚的节操，尽管她自己给自己戴了顶节操的帽子”）。在“皮埃尔不是阿波罗”[①] 这句话中，理性诉诸只是简单阐述，在美的层级上，皮埃尔是居于阿波罗所创的顶峰之下的。这可以是一个有所节制的赞美之词（不如阿波罗那样俊，但是也不差），但是如果假设是皮埃尔自己主动给自己揽上这个品质的极点，那就形成了一种讽刺的效果（他很丑）。

这也是一个标量变化的形式，所有难以言喻的修辞格都涉及了此形式。未用言语表达出来，可以有多重原因：不仅是一种拒绝，也可以是表达一种超越语言或是贴切性限定范围的极端程度的不可能性，比如“我不会说”，“言语无法表达出”：“森林深处传出的声音，眼前出现的景色，我试图描述却因词穷而徒然”（夏多布里昂《阿达拉：楔子》）。丰塔尼埃认为，通过省略加强法，可以中断话语，“让听者根据当时情景，从我们说出的极少言语中，听出我们假意删减的那部分话语，甚至往往还远远超出这么多”[②]。而这种省略加强法，同样也依附于定向层级的能动性，这类定向层级和理性以及主体性的变动相关联，不管是说话者的主体性，还是偶尔但非总是与之相通的受话者的主体性。

相反，我们也可以反复讲述同样的内容。所有的重复强调也都包含着一种层级，并且跟其所使用的策略相呼应：增强事件的力度（有多少说话者在一些平淡的对话中重复他们的话语以让受话者对之印象更为深刻），或者在话语中表露出他们的承诺。在此，我们可以列举一些反复的形式，包括最一般的、相连的重复（“……在那边，在那边，是浩瀚海洋之上最后随性的颦蹙”，圣琼·佩斯《风》，Ⅳ，2），我们可以看到一种渐进性，根据丰塔尼埃对这种渐进性的定义，它和最高级或是最低级有着明确的联系，因为它“旨在很有秩序地罗列出一系列的想法或感觉，而在这个序列中，后面的部分总是比前面部分的程度要相对更高

① 当说某人是阿波罗时，是形容某人是美男子——译注。

② *Les figures du discours*, *op. cit.*, p. 135.

或更低一些，当然这取决于其语句铺陈的进展是上升还是下降的"[①]。《辞典》[②] 中说到，在其双重意义不断增强的态势和其言辞扩展与"抑制"的方法中，我们往往仅限于强调这种增强性。同义、累积、列举，这么多的言语方式都可以回归到同一个观点上，详述它，以不同的方式阐释它。复辞，即释义，不管是描述性的，定义性的，抑或是解释性的，都在其特定的动机上，根据上下文背景不可避免地加上了某种形式的强调："即刻，我想到一个以前凯普船长制订的一项计划，通过轮虫来带动大功率的机器，这些微小的生命尽其一生在旋转、旋转，没有间断、没有理由、没有目的、没有结果"（阿方斯·阿莱《凯普船长》）。同义叠用也是一样（"我看见了，亲眼看见了"），在日常对话中，是以一种简单的甚至稍显笨拙的方式出现的（"他出去到外面了"），这不可避免地让人听到重复的意思。至于同义反复，（"我看见了，因为我看见了"，尤内斯库《犀牛》），尽管这种复辞的现象能引导一种第一次提及的词和第二次提及时意义上的变化（"女人总是女人"），但是同义反复至少是带有一种形式上的重复，这种重复伴随着由对这种现象或是自己承诺，向高程度延伸的一个进程。因此，层级在理性诉求中，尽管通常是和词汇相联系，也是独立于话语的活动的，在话语中层级是通过说话者想建立的人格来表达的，或是通过说话者在他人情感方面下功夫的方式来表达的。

（三）引证和自指

如果说任何明显辞格都具有自反性[③]功能的话，那是因为它们的晦涩性会将注意力吸引到词汇本身上面；如果从某种意义上讲，辞格涉及一种通过"的确"、"大体上"等表态性词语来强调的自指性语态，并且辞格体现了说话者肯定相反观点时与其非确切所言之间的矛盾的话，那么辞格偶尔会建立在这种机制上，反语有时就是这种情况。反语也是一种对照辞格，因为它旨在推翻话语中明指的意义，对四个要点的理解是有必要的：讥讽者（人格），共同讥讽者（情感），来破解个中含义（理性），以及目标物，即讥讽的对象。从目标物来说，最常用的是跟人有关的，时常是以

① *Les Figures du discours*, *op. cit.*, p. 333.

② Bernard Dupriez, *Gradus*, *op. cit.*, p. 163.

③ Ibid., p. 12.

一些跟性格有关的词为对象，或者是行为，就如我们说一个吝啬鬼很大方，或者说一个笨蛋是个天才，这些话语构建了一个要与之唱反调的标志点。斯波伯和威尔森称这种反语为“引证式反语”[①]。“当基督教出现在大地之上时，普罗维登斯（上帝）可能为其问世做了准备，聚集了大部分的人类，就像在凯撒统领下的一个巨大群阵”[②]，在托克维尔的此段节选中，表态词“可能”突出了后面随之言论的荒诞性，赋予上帝这个为基督教的问世而做准备的意图的，正是基督教徒他们自身。通过讽刺，我们所听到的是他们的呼声[③]。因此反语和隽语在此相交汇，因为隽语力求达到这种特殊的呼声，尽管是匿名的，却是基督徒所想表达的。

叠用构建了这类辞格中的另外一种，在此辞格中，追求的是他者的声音。它常被定义为委婉法，或者就像“一个细微差别、精确区分的体系，一般情况下是在对偶句中展开的”。乔治·莫里尼埃先生对此选了一段拉布吕耶尔的话作为例证：“说出‘人民’这个词的人，说的可不只是一个意思：这是一个很宽泛的表达，我们会惊异于它所涵盖的范围和它所能延伸到的范围。有的人民与权贵对立，这是下等人和民众；有的人民与智者、能者、贤者对立，这是如同小人物般的大人物”[④]。正如这段节选所展示的，如果用元语言评价的话，就可以缩减叠用。弗朗索瓦兹·杜埃更加准确地解释道：“说话者称之为 X 的，其受话者更偏爱称之为 Y”[⑤]，拉丁语修辞学时期，以“区分”（*distinctio*）为名，在拉丁语修辞学之后，重新采用了希腊语术语“叠用”。

叠用与对一个事实的定义[⑥]和定性相关联。《献给赫伦尼厄斯的修辞学》给出了这些例子：“我们要证明我们的对立者称之为公正的其实是怯懦，宽容其实是应受谴责的纵容；我们要证明他们称之为智慧的其实是荒

---

① Dan Sperber et Deirdre Wilson, *La Pertinence. Communication et cognition*, Paris, Minuit, 1989.

② *De la démocratie en Amérique*, Ⅱ.

③ Joëlle Gardes Tamine, « De la démocratie en Amérique de Tocqueville: l'ironie triste d'un moraliste », dans Joëlle Gardes Tamine, Christine Marcandier, Vincent Vivès (dir.), *Ironies entre dualité et duplicité*, Publications de l'Université de Provence, 2007, p. 48.

④ *Dictionnaire de rhétorique*, *op. cit.*, p. 240.

⑤ Françoise Douay - Soublin, « Les figures de rhétorique: actualité, reconstruction, remploi », *Les figures de rhétoriques et leur actualité en linguistique*, *op. cit.*, p. 23.

⑥ 参阅 *Rhétorique à Hérennius*, *op. cit.*, Ⅳ, 34, p. 172。

谬的知识、贫嘴、无可容忍性；他们称之为稳重节制的其实是怠惰和散漫疏忽；他们称之为勇敢的其实是斗士的粗心莽撞。”① 区分使得两种对立的特征分开，使得同一个概念的两个相反极分开，但这仍是而且首先是观点的分离。对立的观点不是在语言中进行界定的，而是在话语中，通过互相矛盾的词汇意义来体现的（叠用就经常被应用于笔战的语境中）。这种形式辞格的第二部分推翻了其第一部分。元语言词汇如“称呼”（appeler）或“命名”（nommer）会时而出现，但一个主有限定词（“你们的英雄是些懦夫”）就足以来让他者的声音呈现出来。

反语如同叠用，依附于一个事实：界定永远都不会是中立的，而是取决于价值取向，取决于一个升值或贬值的体系，归根结底，取决于价值层级。正如弗朗索瓦兹·杜埃所说，这既不是词语意义的存在问题，也不是词语赋予其“附加价值”的问题。对于“失去资格”的形式，《论论辩》提到了一些表态词的应用，如“伪—，假—”、“所谓的”等。标明引用的书名号的独立使用，就足以并且永远能令人猜测到单词的使用并非是中立的意义，而是蕴含着一个或褒或贬的引用意义。

（四）“映入眼帘”

现在我们来看可以使辞格具有形象性的最后一种机制。将事物“映入眼帘”的这种方式可以更好地打动听众或读者。从这个层面上来讲，辞格常常构成一种映像，更广义来说，就是把地点与景象相结合的有助于记忆的手法：“西塞罗说道，根据西蒙尼戴斯的建议，要发挥大脑（记忆）的这个功能，大脑应该先选择一些不同的场所，然后组建想记住的事物的意象，最后将这些意象与预选择的场所相连，进行归类。事物的顺序与场所的顺序要保持一致，意象会令人想起事物本身。场所就如同写字用的蜡板，而意象则如同在蜡板上勾勒出的文字。”②

明显辞格有助于意象的构建。明显性、生动性的辞格会更加引人注目，但并非所有辞格都是如此。经常与意象连用的隐喻有时也会将具象的

---

① *Rhétorique à Hérennius*, *op. cit.*, Ⅲ, 6, p. 92: *quam is qui contra dicet justitiam vocabit, nos demonstrabimus ignaviam esse et inertiam ac pravam liberalitatem; quam prudentiam appellarit, ineptam et garrulam et odiosam scientiam esse dicemus; quam ille modestiam dicet esse, eam nos inertiam et dissolutam neglegentiam esse dicemus; quam ille fortitudinem nominarit, ema nos gladiatoriam et inconsideratam appellabimus temeritatem.*

② Cicéron, *De l' Orateur*, Ⅱ, LXXXⅧ, p. 354.

事物抽象化（“夸张的河流”，圣琼·佩斯《阿纳巴斯》），尤其是当辞格将互不兼容的领域结合时，形象性将无法体现。然而有些辞格专门借助这种手法，比如拟人法，使不在场的人物或像动物一样无语言能力的生物能够有声登场（此时伴随着一种人格化）。拉丁人把形象化描写称为“映入眼帘”（*sub oculos subjection*），旨在给所描述的或讲述的事物增加“色彩”，这也就是修辞学常说的文体风格的其中一个特征：叙述性现在时（时态的转换）、定语、表感情的语态词，以及其他的语言手法都使场景更加活灵活现、栩栩如生，比如《费德尔》最后一幕中德拉门的叙述，或是波舒哀《对于死亡的布道》的开头：“我今天可以在院子前挖一座坟墓吗？如此敏锐的眼神难道一点也不会被这种阴森森的事物触伤吗？先生们，我不认为基督徒们会拒绝和耶稣一同见证这一场景的。”除了“眼神”和“场景”这些词外，怎样能让表达效果更加到位呢？再比如《论崇高》强调幻想，幻想出现在“当你满怀着热忱和激情说话时，你会觉得话语如置眼前，并且你也觉得将它置于听众的眼前，使其有身临其境的感觉”①。这就是昆提利安所说的“幻想”，“通过幻想，不在场事物的影像才能在大脑中形成，从而我们会认为我们亲眼观察着这些事物，或已经见过这些事物了。能够良好地构建幻想的人，能够在情感表达时愈显强烈”②，即对听众的冲击力愈强大。在阐释的技巧和意象的想象力之间，同一种辞格时而会倾向于一方，时而会倾向于另一方。总而言之，辞格是潜在性效果的动力之源。

类比、层级、引用、明显性这些机制不是相互排斥的，正如米歇尔·庞迪强调的一样，相似性“促进了不相关概念和潜在冲突性概念之间的相互影响”，同时相似性也可以缓和言辞，例如通过使用“不明显的认知形式［……］来减少说话者在造成冲突的过程中所承担的责任”③。

理性诉诸中存在潜在的机制，每次这些机制的实现，人格或是情感的问题就受到了重视。明显辞格的分类是开放性的，或者更确切地说，语境

① Pseudo-Longin, *Du Sublime*, XV, 1。杰克·皮柔在译文中使用的是“出现”（apparition）一词，而布瓦洛使用的是“意象”一词。

② *Institution oratoire*, Ⅵ, 2, 29.

③ Prandi, Michele, Raschini, Elisa, « La similitudine tra le forme di attenuazione dell'interazione concettuale », *Euphémismes et stratégies d'atténuation du dire*, *op. cit.*, p. 27: *forme epistemiche deboli* [...] *che riducono la responsabilità dell'enunciatore nella messa in opera del conflitto concettuale.*

可能会赋予理性诉诸一种特殊的意义，而理性诉诸进行了一系列的整合。显示出的要素不是等级化的，因而很难依照它们得出一个像丰塔尼埃或是像列日学派那样的分类，但是在不考虑特殊辞格的情况下，可以将这些要素与一个或多或少的分类体系相结合，从而构建一个不同的体系。

某种程度上，语法特征制约着辞格的分析，而语法特征只有置于人格和情感的范畴中才具有意义，因而辞格分析和文体学常常会被混淆，文体学是从语法细节出发去分析文本的。修辞学专著中所论及的文体风格部分，也是一种双重的文体问题，一方面是因为它描述了文体风格——这是一种微观文体学，另一方面是因为它有层级地定位了文本结构和属性结构——这是一种宏观文体学，关于这一方面，我们将稍后进行分析。

第七章

辞格的超越

在古典修辞学中，辞格不隶属于文体风格，辞格的分析尚未涉及修辞的其他组成要素。辞格并不是只具有修饰功能，因为文本有其特殊的语境，同时说话者的性情和受话者的情感影响着辞格，因此辞格的作用不仅体现在对文章的修饰上，而且体现在其自身的价值以及其存在价值上。除了“文体风格”，修辞还包含其他四个组成要素，这些要素需要符合话语产生的各个阶段，同时也需要说话者遵循和重组这些要素。“取材”，即在相关学科的数据库中，选取一些观点和论据，并在展开的话语中把它们进行组合。“布局”让这些观点和论据构成了有机的整体。路易·拉辛在1747年出版的《伊菲莱涅亚》的第一幕中，详尽地介绍了每一场，“这种整体布局并不是令人好奇的片段，而是为了让读者了解拉辛从事悲剧创作时，习惯以散文形式开始的创作风格”。在修辞学和埃德加·坡的影响下，波德莱尔认为，即使一首短诗也需要整体布局。演说者借助文体风格技巧，对演说斟字酌句，“记忆”有助于演说者记住演说内容，演说者将内容表达出来并让听众记住它。在口头演讲中，“演讲技巧”最终有助于更好地发挥演讲。我们将不系统地逐一论述这五个部分，但这五个部分依然是本章的理论基石，我们将从局部单位、文本和话语的微观结构出发去分析宏观结构和文本的构建，无论是哪一种类型的文本，都超出了论证性演说和狭义修辞学的范畴。性情（气质、人格）—逻各斯—情感的三联要素是再次要遵循的主线。

一　文本的构建

（一）延伸

随着辞格的发展，辞格的作用显得愈加重要，辞格自身参与文本的构建。人们相对较少地使用“隐喻联喻”这种表达方式，隐喻联喻本身就是一种隐喻方式，这个表达方式借用了音乐领域中乐音高低起伏发展之意。丰塔尼埃称其为“延展喻”，或更确切地说应该称作“寓意说”，值得注意的是要把“寓意说”与“讽喻”区分开来，后者并非把两个领域的语词混合使用，而是只运用同一领域的语词①。不管是哪种隐喻方式，都是对隐喻这种辞格的延伸，因而“延展”辞格并不是只涉及了一个辞格。这个概念得到了采用，例如丰塔尼埃把这个概念运用到了语言辞格和思想辞格中。无论在何种情况下，辞格的延伸都可使辞格变得更为突出，这个现象应该纳入我们思考的范围中。米歇尔·里法泰尔关于隐喻联喻的先驱文章，以超现实主义诗歌的形式揭示了辞格延伸的复杂性，上文提到的所有要素都应得到重视：“我们所说的隐喻联喻，事实上是由一系列句法结构和意义紧密相连的隐喻构成的。从句法结构看，隐喻是句子的组成部分，或是一个叙事结构，抑或是描述结构的组成部分。从语义角度看，任何一个隐喻所代表的整体的某个特殊部分，事物或概念，都是通过系列中第一个隐喻来体现的。”② 在里法泰尔引用的“表演明显的昔日悲惨生活的悲剧的老演员”③ 这个例子中，不仅涉及了句法和语义，还涉及了形式关系，同音异义的文字游戏，“pièce”一词既指这出悲剧，也指演员靠表演得来的维持生计的钱。

通常情况下，双重意义的辞格需要逐步延伸，如讽喻和反语。在此我们不再探讨讽喻，而将注意力放到反语上。反语集中体现在某个词语上，很少用词义反用法来表现。伏尔泰式的反语一般都体现在几个句子中。我们只需要回顾一下伏尔泰《老实人》这部作品的第六章开头：“地震把里本斯毁了四分之三，地方上一般有道行的人，觉得要防止全城的毁灭，除了替民众办一个大规模的功德会，别无他法。科英布拉大学认为，在庄严的仪式中用文火活活烧死几个人，是防止地震发生万试万灵的秘方。”文章不仅通过“智者”、“美丽”这些词语词义的反用而进行批判，并且整段文章通过换喻这种特殊方式将宗教仪式描述成一种荒诞的行为。辞格的这种构建方式使读者能够感受到辞格的存在。单个词语构成的辞格不易被

① 关于寓意，请参阅本书第 102 页（译著页码）。

② Michaël Riffaterre, « La méthaphore filée dans la poésie surréaliste », *Langue Française*, n°3, *La stylistique*, 1969, p. 47.

③ éluard, *Le Baillon sur la table.*

人们发现。质疑是与延伸共生的。

（二）显著位置

1. 局部单位

除了延伸之外，辞格还可根据其在话语或文本中的位置来体现它的形象性。无论是从文本的整体结构和中间结构，如复合句、段落、诗节，抑或是从局部结构，如句子和其组成部分来看，辞格常常出现在明显的位置上，主要在一个单位的开头或结尾。根据它们出现于其中的文本类型，散文或诗歌，我们将显著位置分为修辞位置或格律位置。

局部单位是指句子和句子的组成成分（分句、意群），某些辞格是同这些基本结构相结合的[①]，当局部单位处于句法上相同位置的时候，会出现另一个层级相对应的成分，最明显的例子是叠言和排比。修辞学中许多表重复的辞格都是根据它们的位置而定义的。如果文本中存在偶然重复的例子，那么分析的重心就会转向特殊位置上的重复的例子。首语重复就是位于段、句子或诗歌开头的一个单位的重复（“在我看来贝蕾妮斯将不再反对？贝蕾妮斯以一言便能抚慰我的伤痛？”拉辛《贝蕾妮斯》）。顶真，是指两个成分的重复，其中的一个结束了一个部分，另一个开始了一部分（“野生葡萄藤蔓从槭树爬向鹅掌楸，又从鹅掌楸爬向蜀葵”，夏多布里昂《阿达拉：楔子》）。至于排比或句群重复法，它的定义是通过同义或者反义的关系，将句法结构和词汇变量联系在一起的。排比本身就是一个具有显著性的辞格，因为它使句子建构的不同层级联系起来：“啊！有人朝我掀起黄土！啊！有人向我揭露圈套！”（圣琼·佩斯《风》，Ⅰ，4）。在这个例子中，句法结构、词汇和韵律结合在一起：单词“lœss”（黄土）和“leurre”（圈套）形成了近音词连用，发音的相似引出了语义的相似。不仅仅是句子或分句中包含一些由语法现象汇集而形成的明显的位置，在文章的段落（或诗节）中也存在。波舒哀的《圣母领报瞻礼节的宣讲》，在向观众致开场词之后的三段中，用差不多的行数，每一段都以“上帝很高兴得到垂爱”开始。在这种情况下，使用的辞格就是首语重复法，该辞格大篇幅地参与了文本的构建。

在由散文等改写而成的诗歌中，有一些特别明显的格律位置，例如诗

① “结合”（couplage）这个概念是由塞缪尔·勒万（Samuel Levin）提出的，*Linguistic structures in Poetry*，La Haye，Mouton，1962。

句的结尾或是亚历山大诗体中诗句的停顿，这些位置往往是连接点，语义的构建和词汇关系在此汇聚。在下面的诗句中：

所有的出席者，阿尔宾娜，都让我气恼。
我看到我的声名鹊起，又名誉扫地。
（拉辛《布雷塔尼居斯》，第一幕，第二场）

除了通过焦虑的阿格里皮娜尼对她儿子表现的过于热情而显得不够诚恳正直的态度的问题，同时还通过在每半句诗中句法结构的重复，以及反义动词“上升”和“下降”的使用，使词格的质疑功能得以实现，同时句末的“气恼”和“名誉”又形成了另一组反义关系。这些语言现象的汇聚会引起对语言本身的注意，会让人感觉到辞格的完全形象化，通过对更广语境的观察所发现的相关问题的确定来证实辞格的形象化。

对于音韵辞格来说，传统的语音重复最常出现在局部单位中，或是出现在从一个局部单位到另一个毗邻的或者是比较近的一个局部单位中。这种现象有时会让一个音段更牢固，比如说亨利·梅肖尼克曾写的关于雨果①的著作里已提到了此点。关于兰波的一篇评论②中谈到了诗歌中的转义现象是通过从一个音段到另一个音段的过渡而实现的，这种过渡得益于对音色的运用：“噢，灰白的笑剧，鬃丝的袖领，水晶的手臂。”（《彩图集：轻歌曼舞》）。这类词格尤其常常被运用在诗歌中。古典雄辩术构建的一个原则，事实上是划分类型的原则，部分诗歌创作中是可以使用一些有特色的手法的，句末以相同的词结尾——尾音重复——就是其中的一种。此外，诗歌的韵脚仅在结句和尾音重复这种特殊情况下才出现，因为韵脚出现在音段的末尾，在这种诗句中，句末常以相同的词语结尾。并不是所有的韵脚都是同样明显的，认为句末的词都很重要而句中其他词不重要是不合理的，只是句末的词处在一个潜在突出的位置而已，这个位置受语音和语义的限制。在十四言诗《但未满足》中，四行诗以“- avane”为韵脚，这在语言中是不常见的，波德莱尔用该韵脚描绘了一种纵向结构，这

① Henri Meschonnic, *Pour la poétique* Ⅳ, *écrire Hugo*, Paris, Gallimard, 1977.

② 参阅 André Guyaux, *Poétique du fragment*, *Essai sur les Illuminations de Rimbaud*, Neuchatel, La Baconnière, 1985。

个结构体现了诗歌的主题："havane"（哈瓦那烟叶），"savane"（热带草原），"se pavane"（神气活现），"caravane"（沙漠旅队）。这些明显的连接是潜在性的载体，语境具有将潜在性实现的可能，但听众或读者并不一定能注意到这些连接。

还要提到的是，这些连接为说话者和受话者提供了一些能够帮助记忆的手段，尤其表现在诗歌和口头习惯中。抑扬格①和所有的反复，都只是一种语音的形式，或是描绘一种排比的形式，这些都有效支持了没有文字情况下信息的传达，这种信息传达常常与一些习惯②相联系，这种相同的重复扮演着一个重要的角色。

2. 中间单位

章节构成了区别于其他类别单位的一个特例，它可运用于文章的整体结构。如果不考虑章节这个单位，那么中间单位就是复合句、段落或诗节。中间单位的共同特征就是能够将句子聚集起来，直接构成一个比局部单位层次更高的语言层次。复合句是最具有修辞性特征的单位。虽然复合句这个术语在《18 世纪句子的发明》③ 之前曾运用于语法范畴中，但那时句子这个词只是"词组"的同义词，并且语法没有给其任何明确的定义；现在复合句这个词④被用来指代尚未在书面表达中规范的口语单位，它依附于修辞学，指由含义及节奏所划分的文章的单位。

更确切地说，复合句建立在句法与语义的规则基础之上——它既可以与句子的界限混合，也可以由一连串句子构成，总之复合句构建了一个话语及文本的完整单位——它建立在与内容及其成分（从句）对称性相连的韵律之上。复合句的模式就是开头的从句引发条件从句的上升运动，而我们所期待的主句，即条件从句后面的主句，仅仅在随后出现，旨在完整语义和渲染这个运行的圆周运动（这就是 *période*"周期"这个词所要表达的含义）。虽然复合句是论说性文章的大单位，但也会出现在抒情的、描

---

① 参阅 Milman Parry, *L'épithète traditionnelle chez Homère*, Paris, Les Belles - Lettres, 1928。

② 参阅 Paul Del Perugia, *Les Derniers Rois Mages. Chez les Tutsis du Rwanda*: *chronique d'un royaume oublié*, Paris, Phébus, 1978。

③ 参阅 Jean - Pierre Seguin, *L'Invention de la phrase au* XⅧ*e siècle*, Louvain/Paris, Peeters, 1993。

④ 参阅 Marie - Christine Hazaël - Massieux, « De la période à la phrase ou de l'oralité à l'écriture: quelques remarques sur la structure de l'unité de communication », in *Mémoires de la Société de Linguistique de Paris*, nouvelle série, t. Ⅱ, Paris, Klincksieck, 1994。

述性的和叙述性的文章中。在任何情况下，就像对于句子和构成句子的意群来说一样，开始和结尾的位置是辞格的标志，同时辞格也因这两个位置显得尤为突出。

波舒埃的《福音的宣讲》的开篇就是一个特别明显的复合句，它恰好与段落的界限重合，而且文章开始的位置更加突出了复合句："面对人类的堕落，上帝的缄默真是令人惊讶的事。每天戒律被蔑视，真理被亵渎，权利被践踏；他的阳光依然照射着这些亵渎宗教的人，雨水依然浇灌着他们的农田，大地并没有在他们的脚下裂开；他一切都看在眼里，却佯装不见；他观察着，却保持缄默。"这个复合句表现出一个圆形构造，通过第一个句子在随后两个从句中的变化来实现这种反复，两个从句同时兼有反复、对比、隽语、对照和大量单词的交错搭配等辞格。复合句以单音节词"tait"结尾，具有一种精彩结束的效果。然而有一些复合句以细致的描写结尾，在这种大调式的结尾中，与细致的描写相关的内容会增加，例如夏多布里昂的《墓后回忆录》中运用了比喻手法的描述性复合句："在这样的夜晚，一位陌生的缪斯出现在我面前；我听见她的歌声；我借助星光，把这些歌声记录在我的书上，像一位平庸的音乐家写下某位伟大的和声大师口述的乐音。"

段落表现出了同样的特征，同样属于文本的组成部分，但是与复合句相反，因为复合句首先具有口语化的特点。如果段落是一个停顿单位，那么段落主要是用于书面表达中，在形式上它是通过段首回缩、另起一行以及结尾行的过渡表现出来的。形式界限标志可以与语言标志相结合，而辞格在语言标志中扮演着不容忽视的角色。在普鲁斯特小说《在斯万家那边》的段落结尾部分，语音的重复尤为明显，并与词汇相连（"derniers"这个词很明显是其本义"最后的"概念）："我听到最后的滚滚的响雷在花园那头的丁香树丛中驰过，我不因此而惆怅。"《包法利夫人》中对沃比萨舞会的描写运用了提喻法，旨在吸引读者对一个细节的注意力，即以严厉和戏谑的方式对社会和人类行为的总结："安静地待在座位上的母亲们，板着脸孔，还戴着近东的红色头巾。"我们还能列举很多这样的例子，要注意的是辞格构成了分界标志，反之正因为辞格处在特殊的位置，它显得更为突出。

我们通常把诗歌中的节和散文中的复合句对应起来，诗节中的标志和散文中的标志属于同一类型。除了上文中刚刚介绍的复合句和段落的标志外，还存在其他的类型，比如语态，语态明确地或暗含地涉及了受话者[1]：

我打塞纳河边走过
臂下夹一本旧书册
河水宛如我的痛苦，
它悠悠地流永不枯竭
那么这一周几时才能完结
（阿波利奈尔《玛丽》，《醇酒集》）

此外，这一节的结尾正好是这首诗的结尾。

因此，所有与修辞位置或格律位置相连的现象可分为两大类：一类涉及结构、语态、节奏、词汇等的突变；另一类则相反，是围绕同一中心思想的冗余和排比。

3. 整体单位

文本或演说中的很多地方同样具有明显的文体风格特征。尽管根据不同类型的变量，文本的开头和结尾的问题还是存在的。在任何情况下，问题都具有双重性，因为它不仅涉及形式结构，涉及内容，涉及开始的方式，如在文章开头所给出的预示和必要信息，还涉及结尾的方式，例如是封闭式还是开放式的结尾。

我们知道戏剧中最初剧情的展开是一大难题：戏剧情节应该吸引观众的注意力，并且为观众提供能够使其身临其境的场景，而舞台上其他人物的情节不应该烦琐冗长或令人难以置信。显然要实现这些就需要特殊的语言组织。在小说中，开头语是众多研究的对象，尤其是自从 1969 年阿拉贡的《我从未学习写作》这本书面世以来，这本书体现了进入一个特殊世界的重要性。

开头的过渡可以非常清晰地通过元文本词汇表示出来，例如让·雷维奇小说《过道》的第一句话写道：“这个故事发生在一个下午，一个离海

---

① Marie – Christine Hazaël – Massieux, « De la période à la phrase ou de l' oralité à l' écritu re: quelques remarques sur la structure de l' unité de communication », in *Mémoires de la Société de Ling uistique de Paris*, nouvelle série, t. Ⅱ, Paris, Klincksieck, 1994, p. 78.

很遥远的地方”，但是一些较为隐晦的，并且借助于修辞的方法也是存在的。在《献给赫伦尼厄斯的修辞学》[1] 中，辞格中的格言构成了该著作的开头。《人类虚构》[2] 一书对《安娜·卡列尼娜》的开头部分“幸福的家庭都是一样的，而不幸的家庭各有各的不幸”的分析中说，小说的后续部分将会对文章开篇的这个警句进行阐释。叙述者引起读者注意的另外一种方式，那就是运用语言辞格。《宿命论者雅克》一书的开头就运用了此法："他们是如何相遇的呢？像所有人一样，偶然相遇。他们如何称呼呢？与您有什么关系呢？"

一个章节的结尾和一个小说的结尾一样，除了借助表示停止的词汇之外，还可以通过使用大量修辞格的精美片段来引人注目。《萌芽》的结尾就建立在萌芽这个隐喻的发展之上，它构成了放弃罢工和朗蒂埃离开这一危机的出路，以及人类未来的开启；同时萌芽也是这部小说的标题，“人们一天天壮大，黑色的复仇大军正在田野里慢慢地发芽，为未来世界的丰收而壮大。这支队伍的萌芽就要冲破大地活跃于世界之上了”。

诗歌的开头和结尾[3]也是修辞格集中的地方。就像中间单位的修辞格一样，结尾通常表示和前面部分的中断，例如通过对比，或者运用紧密的连接。正如《沉思集》第五部分第十四首诗一样，以“噢，灵魂深陷，并带来了疑惑”这句诗开始，以一节兼有词汇、隐喻、对比和排比的诗结尾：

我们窥视到阴森空旷中的响动，
我们听到游动在黑暗中的气息，
黑暗因此而颤栗，
时而迷失在无边无际的黑暗中，
我们看到奇妙之光照亮了永恒之镜。

---

① “格言警句就是来自于生活实践的箴言，用很少的词汇来表达现实中发生的事情或应该发生的事情”。*Sententia est oratio sumpta de vita quae aut quid sit aut quid esse oporteat invita breviter ostendit*, *Rhétorique à Hérennius*, *op. cit.*, Ⅳ, 24, p. 157。

② 参阅 Jean Molino et Raphaël Lafhail - Molino, 2003, *Homo fabulator. Théorie et analyse du récit*, Montréal/Arles, Leméac/Actes Sud, 2003, p. 91 *sq*。

③ 参阅 Barbara Herrnstein Smith, *Poetic Closure. A Study of hom Poems End*, The University of Chicago Press, 1968。

修辞学论著都认为布局决定了演讲的提纲，演讲的构建要遵守一个明确的顺序："以开场白开始，然后叙述事实，接着利用充分的论据，和推翻对方的论据来论证，最后得出结论，结束演讲。这是常理所规定的步骤，但是知道如何最好地布局从而去说服别人、教育别人，这也许是仅属于演说家的智慧。"① 布局由两个原则决定：一个是排列顺序的需要，这同样也可帮助记忆（"布局的作用是排列创作的材料，以便使每一个成分在确定的位置上呈现出来"②）；另一个就是对听众产生影响的欲望。性情和情感会介入，就像西塞罗在《论演说》中说的，布局有利于在需要的时候激发人的情感，然而同时它从属于"演说家的智慧"，因而演讲的建构就符合逻辑和情感的需要，重要的是选择好论据，对其进行挑选、布局，以满足这种双重需要。一个重要的论据，安排的位置不恰当，就不能被人注意。演说家的艺术在于合理地放置论据并运用合适的词语来呈现它。这样，修辞格和布局就有机地联系在一起了。

如果依照演说家的看法，演讲包含许多可变化的部分的话（然而对于某个演说家来说的部分，对于另一个演说家来说则可能就是下一层级的组成部分），那么我们可以说演讲由开场语、叙述、论证、总结和结束这几个部分构成。开始和结束部分是演讲的战略地带，首先是因为它可以吸引观众，其次是因为它可以总结论证，并且打动听众。

第一点更倾向于感性（演讲者一开始应该表现得让人信赖），第二点倾向于理性，但这两点涉及的词汇的选择和修辞格的选择，也是不可忽视的，因为它们有助于具有信誉度演讲者形象的构建，并且有助于引起读者的共鸣。修辞格建立在陈述以及演讲者和受话者之间的关系之上，比如呼顿、交流、让步在演讲开始的时候能够引人注目，还有言语行为，比如愤怒、欢呼等通常出现在演讲的结尾部分。以夸张描写为例，在同样的形式下重述相同的观点，尤其是通过使用特殊的词语辞格，给听众留下深刻的印象。波舒哀《关于真诚的忏悔》的结尾部分以一个复合句结束，是一个"获得听众好感"（*captatio benevolentiae*）的典型："因此，基督徒们，让我们带着这份神圣的、不再给予任何使罪恶重生的机会的决心

---

① Cicéron, *De L' Orateur*, Ⅱ, LXXⅥ, pp. 307 – 308.

② *Rhétorique à Hérennius*, *op. cit.*, Ⅲ, 16, p. 101: (...) *dispositio est per quam illa quae invenimus in ordinem redigimus ut certo quicque loco pronuntietur, videndum est cujusmodi rationem indisponendo habere conveniat.*

走出忏悔；我们应该在任何方面、任何地点都谴责这种罪恶，并且应该毫无保留地把自己托付给无私地给予我们的上帝。在过去的日子里上帝赐予我们恩惠，在将来的日子里上帝也会赐予我们天福，阿门。”顿呼，即“语言的交流”，在杜马塞[①]看来，演讲者通过这种方式可以融入听众。夸张描写是通过首句的解述、词语的重复、对比、矛盾这些方法来激起听众的情感的。

二 构思

潜在象征性辞格的组合不仅仅需要布局谋篇，同时也需要取材。上文提到的夸张描写的例子足以证明这一点，因为它同时体现了修辞格与论据这两个方面，这并不是唯一的例子。

取材包含许多部分，可以归纳为主题论、论据和推理方式，这些要素的选择都是依据对人格和情感的考量。对于演讲者和听众来说，主题论包括传统主题、论据，在此基础上演讲者试图让大众接纳他的建议，包括那些创新的、挑衅的以及违背常规的建议等。论据也是我们有时所说的论述方式（*loci communes*），它包括由主题限定的单位间的连接方式，这种连接通过类比或反衬、形式转变、因果联系等方式表达出来。推理连接了话语中形成的序列，比如三段论式推理（简略、省略三段论或者徘徊过程，带证体），句法结构的变化，或者广义来说是文本的构建模式，我们在这里将不作探讨。创作的每一个阶段都能在修辞格中找到一个支撑或者对应体。

关于主题论，我们以谦让这个传统主题为例，因为它同时涉及了布局谋篇。对于一个修辞情境中的所有参与者，如果主题具有构成其认识和共同价值观基石的重要性，那么毫无疑问需依据适宜、适当、合适的主要原则来选择，以使其适合听众和演说，同时也要考虑它在演说或者文本中的位置。谦让这个传统主题是最普遍的一种，没有特别地涉及任何一种演说形式：“在修辞这座古老建筑群里，主题是宝库。我们能在此找到最通用的，能运用到所有类型演说或是著作中的观点。比如说，‘所有作家都应

① *Des Tropes*, *op. cit.*, p. 130。根据语法标准，杜马塞把交流分为两类：一类指演讲者的态度，表面看起来是完全信赖法官，并“把他们当作仲裁者；另一类他称为“话语中的交流”，即使用代词“我们”，这可以让“指责”看起来少一点个人化，从而使其“不刺耳”，“更有效”。

尽力去获得读者的青睐'。为此，应表现出谨慎谦虚的态度（直到18世纪文学革命前）。"[①] 另外，谦让主题和布局谋篇相联系，因为它在演说一开始就要介入，传达出一种特殊的情感诉求：作为一名演说者或是作家并不刻意自夸以凸显自己，要尊重事实、尊重观众。这一主题通过修辞格将对话双方联系起来，例如顿呼、让步或者预辩法。丰塔尼埃认为"预辩法就在于提前告知或重复可能会遭受的反对意见"[②]。《危险关系》一书中的序言采用的就是这种主题和这类修辞手法："首先我能说的就是，我的想法，如同我所同意的，是让这些文字出版，但我远没有期待它能取得巨大的成功：人们不应把我的这份真诚当成是一个作者所故作的谦虚。"取材、布局谋篇和文体风格在此处错综复杂地联系在了一起。

《论论辩》把主题扩大到一个广义的，时常是暗含的价值体系中，这些价值是演说或文本的基础，也是说话者常常借用的。它展现了以数量为基础和世界上最广为接受的数量准则，同时也涉及了格言和定义，就如关于属性和种类的提喻法，在描述个体行为时，提喻法会把个体行为纳入整体性范畴中。"唉！一个毫无希望的情人，有什么可害怕的呢?"安条克在《贝蕾妮丝》中所说的这句话展现出了他对于公主的爱将永远得不到回报。波舒哀在《关于野心的布道》中也多次采用了总体性的陈述："在我们身上存在着某种恶意，它在我们心里传播了所有罪恶的起源。"这里使用了复数、第四人称以及全体性泛指词的方法。这种一次性与固定本质相连的数量准则是传统的，它与独特的、短暂的浪漫主义质量准则是截然相反的。第一人称单数"我"比第一人称复数"我们"的使用更为频繁，表完成的过去时也比表持久的现在时的使用更为突出。

辞格与论据的联系也很明显。论据关系到形式的连贯性，比如派生辞格，该类辞格与同源词相连，或者是同词异形复用辞格，运用同一个词，在词尾做变化。辞格与内容也同样紧密相关，相似论据与类比辞格相联系，相异论据则与对照辞格相联系。伏尔泰《我思想的演变》中的一个例子："一个审慎的人会充斥着消沉的思想，是因为他不懂思维的本质，是因为他仅仅理解物质的个别属性，还是因为上帝没有向他吐露自己的秘

① Ernst Curtius, *La Littérature européenne et le Moyen Âge latin* (1948), Paris, PUF, 1956, pp. 149 – 150.

② *Les Figures du discours*, *op. cit.*, p. 410.

密？他还会因为没有四只脚两个翅膀而感到绝望”，在这个例子中派生论据辞格不但让“désespoir”（名词：失望）转变为“désespérer”（动词：绝望），而且与相似性（“autant”同样）相连接，它自身正是反语式夸张效果的载体。

最后，演绎推理或归纳推理与辞格也紧密相连。演绎推理从最初的命题中得出最终的结论，这些命题通过臆断或话语自身被证明是有根据的。这种推理通常不以一个明显的三段论形式展开，而是以修辞性三段论，即省略式的形式展开的，省略三段论不体现三段论所需要的所有前提。或是将命题延伸，这就是带证体。省略三段论通常运用于古典悲剧中。基于普遍性及试图让人相信是无可置疑的命题的基础上，推理论证可以使用格言警句，比如高乃依的戏剧，推理论证也可以通过不同类型的提喻法来表现。尼禄对布雷塔尼居斯说的“我知道惩罚鲁莽对手的技巧”这一断言是一个省略三段论（“鲁莽的对手必须受到惩罚，而你是一个鲁莽的对手，因此你应该得到惩罚”）。文中并没有提到布雷塔尼居斯的名字，但“鲁莽的对手”这一表达，概括了三段论中的前两个前提，通过限定词“un”（一个）① 构成了一个概括性的提喻。文体的功效不仅仅是修饰作用，或者是迂回的讲述，同时也是论证的支柱。

推理的另一种重要形式是归纳法，它不同于演绎法，它是从个例出发，分析另一个个例或进行归纳。这种方法通常使用范例的形式，借助一些知名的或给人深刻印象的领域，即利用显而易见的事物来获得效果。规则是抽象的，以一些给人深刻印象的角色或者场景作为例子，使规则变得更加具体化。波德莱尔的《信天翁》利用这类范例，证明修辞与诗歌不是对立的②，他主要通过对比和隐喻，诗的最后一节清楚地呈现了该特征：

诗人啊就好像这位云中之君，
出入风波间，敢把弓手笑看；
一旦落地，就被嘘声围得紧紧，
长羽大翼，反而使它步履艰难。

① *Les Figures du discours*, *op. cit.*, p. 2.

② 参阅 Joëlle Gardes Tamine, « Sur l' Albators de Charles Baudelaire », *Feuillets*, Lausanne, n°6 - 7, juin 1985。

这里，是辞格支持着论证。

诗歌再一次展示了辞格与取材之间的联系：通过变换结构来论证主题。文本没有体现出进展性，同样的观点却以不同的形式展现出来。随着映像法[①]呈现出的发展，隐喻常常用来支撑这一类型的建构：对于同一个主题，隐喻被接二连三地使用，但非联喻，因为它们每次都借助不同的喻体，其顺序并不那么重要，所表达的观点并未改变。巴洛克诗歌钟爱这种建构模式。在沙西涅的一首十四行诗里，两个四行诗和第一个诗节都是针对同一个问题建构的："您的生活是什么?"这对应不同的隐喻，但都表达了同一个观点，即生活什么都不是。

诗节一：您的生活是什么？一个柔软的瓶子
诗节二：您的生活是什么？一个无聊的谎言
诗节三：您的生活是什么？一个旋转的旋风

现代诗歌并没忽视这种建够方式，这也体现在阿波利奈尔的《地带》的片段中，用"美丽的百合花"、"火把"或是"树"等来描写"基督的闪闪荣光"。

很明显是性情和情感给取材的基本要素赋予了意义。巴特[②]认为："总之，当演说家演讲和列举典型的逻辑范例时，应当不断地重复：跟着我（实践智慧 *phronésis*）、尊重我（美德 *arété*）、爱上我（善意 *eunoia*）。"演说家或作家所建立的人格与听众的人格是分不开的。亚里士多德对此明确地指出："在每一种情况下我们都可以从诸多相似的词汇中找到一个最堂皇的字眼，例如把暴躁刚烈之人说成是坦率开朗之人，把大模大样的人说成是气派不凡之人。又如，把过度的事物说成是有过人的德性，把鲁莽说成勇敢，把挥霍说成慷慨。因为大多数人会这样想。"[③] 演说家在演说中描绘某些形象时自然而然地会使用到委婉法、夸张法或是曲言法。在《人民》一书中，作为该书序言的写给埃德加·基内的信，作者米什莱

① 参阅 André Moret, André, *Le Lyrisme baroque en Allemagne*, Lille, Bibliothèque Universitaire, 1936。

② Roland Barthes, « L'Ancienne rhétorique. Aide - mémoire », *Communications*, n° 16, 1970, p. 212.

③ *Rhétorique*, *op. cit.*, XXIX, 1367b, p. 134.

实际上是写给所有的潜在读者，超越了所谓指定的对话者，并带有一定的顾虑：使自己成为没有话语权的人民的合法代言人，然而这却属于另一个社会范畴。这里有一段话（和一个复合句契合）：“因为，我的朋友，我也是如此，我用我的双手劳动。现代人的真名是‘劳动者’，我是个真正的劳动者。在写书之前，我收集了很多素材，在整合观点之前我先整理文字，我知道工作室的凄凉以及长时间待在里面的愁闷。”这里作者使用多种辞格，比如婉曲法（大家认为我是个教师，但其实我是个劳动者），同时还使用了元语言词汇“名字”（nom），还有一语双叙，这种“双关”体现在“整合”了“文字”所表达的实义和“观点”所表达的抽象意义。派生法将“travailler”（劳动）衍生到“travailleur”（劳动者），这是米什莱对这种人格所坚持的一种创造方式：一个真正的人，不论外表，从他的出身和经验来看，本质上是一个劳动者，但一语双叙这种文字游戏说明他也是有头脑的。一位知识分子、一位教授能够为人民群众代言之间的矛盾，在他首先是一个体力劳动者这个前提中得到了解决（上文说，这本书“出于我的经验”），而他自己的工作则使其信誉度更高。

如果演讲者想运用及调动观众的情绪，他可借助某些逻辑辞格。所有运用程度和强度等级的辞格，所有围绕演讲者意图“映入眼帘”的辞格都可加以使用，但这不仅仅是为了感动观众。纳尼娜·沙尔保奈勒从隐喻中引出“人类行为学”的概念，它致使对话双方作出一些特定的行为（“孩子是一株植物”意味着“对待孩子的态度[①]应该像对待一株植物的态度”）。沙尔保奈勒关注的是情感诉诸的结果，也就是米歇尔·梅耶所说的“应用”：受话者看到了问题所在以及解决问题的方法，于是从对形势的判定上得出结论，而对形势的判定是与人格诉诸（“演讲者通过其言辞想表达观点的”[②] 详细说明）相联系的。理性诉诸越是复杂，对其解读越是困难，也就越扑朔迷离，对这个问题的关注也就会越多：“形象性是用来表达问题性的。”[③] 理性很好地发挥了说话者与受话者、人格和情感的纽带作用。

---

① *L'important, c'est d'être propre, op. cit.*, p. 146.

② *Principia Rhetorica, op. cit.*, p. 261.

③ Ibid.

如果再回头看看修辞学的定义，通过理性围绕一个问题个体间距离的协商，我们就明白了辞格可以利用这种距离。所有涉及说话者融入受话者之间的辞格消除了这种距离，所有用华丽的表达方式来迷惑受话人的辞格都试图缩短距离，使受话人忘记根本性问题的所在。其他方式的辞格会增加这种距离。看一下尼禄使用省略三段论的例子："我知道惩罚鲁莽对手的技巧"，这句话中没有使用"你"，而是通过一个隐含的规则，使说话内容不带个人色彩也使其合理化——所有鲁莽对手都该被除掉。所有的问题都被否定了，这个规则不容置疑。表面上看没有运用情感诉诸，但尼禄的冷漠让人不寒而栗。这种情感在布雷塔尼居斯的答话中也很常见。他明确表明他的害怕，其实是为了否认这种害怕，并且表明他在威胁面前不退缩。

> 对我而言，如果有什么危险让我难以忍受，
> 那么只有她的仇视会让我颤抖。

我们要关注的是一个循环：文体特征和逻辑辞格只有在与上下文紧密相连，与人格及情感相连，和取材及布局谋篇相连时才能凸显出来。但是相反，演讲和文本的外部及内部构建不能脱离潜在的形象性辞格，这种辞格是更广阔、更丰富的逻辑推理的载体，只看字面意思会使交流受阻。

三　文本的超越：距离与叩问

理性并不局限于本身，而是有外延的，即：语言学与本体论相通。米歇尔·庞迪对此早已指出。这意味着理性并非仅通过词语来体现这种结合，否则这会否定理性的创造能力："模仿"（*mimesis*）从来不是一个简单的复制，用波德莱尔关于风景描写的说法，是对"真实重现"的积极表现。庞迪关于比喻的讲述可适用于所有的形象性辞格："复杂内容的构建为这种象征性手法提供了平台，因而也提供了概念化的平台：一个完全本质上的创作过程。比喻仅限于扩展这种创作过程，使其超越本体论的障碍。核心标准使得核心的句法辞格能够独立地联结各个内容。"① 这种构建正是前面的章节所强调的。现在该探讨一下这种象征手法及其目的了。

① Michele Prandi, *Grammaire philosophique des tropes*, *op. cit.*, p. 65.

这种创作性的手法，事实上并不是或不仅仅是为了词语布局的乐趣，即使我们能够从中找到一种乐趣，但这种乐趣不仅仅是一种智力游戏。修辞学是围绕一个问题个体间距离的协商，在修辞学范畴中，词语布局是必要的，或者说这种布局是为了适应这个或那个场景："修辞学实现了它所涵盖及涉及问题的方法，用或多或少带疑问的回答来解决问题，根据受话者价值观和观点的不同，把受话人置于问题之中。这些价值观和观点是在言语和表述之外的，但是说话者通常是知道的，即便是劝说或引诱策略。"[①] 在这个整体框架下，人们才能确定某些策略手段及辞格在其中扮演的角色。

所以与修辞有关的，首先涉及的就是理性。亚里士多德意识到了这一点，即使他区分了根据事物研究的科技语言和"纯粹为了获得听众反应的语言"[②]。然而，相同的修辞段落需要形式上的构建："从任何一种教育的层面来看，文体风格具有重要性，因为论证时，选择怎样的表达方式是十分重要的，但却不像对于修辞学来说那么的重要。"正如吉尔斯—加斯顿·格兰杰[③]指出的那样，科技语言同样也有自己的风格。在实证主义盛行年代之后，紧接着出现了质疑实证主义，这个时期不再相信让·莫理罗[④]所提出的"科学的纯洁性"，而实际上是一种象征主义系统。"根据科技推演论的概念，出现了一次本质性的改变。类比和相似理论不可阻挡地诞生了"[⑤]，概念的形成必然要经过理性，理性的媒介作用尤为重要："科学对象的形式直接涉及语言的可能性比涉及感性内容的可能性更大。表达就是通过它实实在在的一种认知，而不是感染或者是本能的融入。表达不是即生的，也不是直觉的另一种类型认知的反映和替代品，它比内生知识更加完美、更加深入，表达首先是知识再生的源泉和知识构架的反映，表达方式就这样形成了。"[⑥] 如果论证被认为是一种真理，那么论证应该具有明证的效力，其特点毋庸置疑地只能凭经验表现出来。这个真理就是："科学和经验是分割的，但科学也可表达观点。"[⑦] 谁提出观点就要

① Michel Meyer, « Pour une théorie générale des figures », *op. cit.*, p. 25.

② *Rhétorique*, *op. cit.*, Ⅲ, 1404a, p. 299.

③ Gilles – Gaston Granger, *Essai d' une philosophie du style*, *op. cit.*

④ « Métaphores, modèles et analogies dans les sciences », *Langages*, n°54, *La métaphore*, 1979.

⑤ Ibid., p. 100.

⑥ Hourya Sinaceur, « Formes et concepts », dans *La Connaissance philosophique. Essais sur l' œuvre de Gilles – Gaston Granger*, *op. cit.*, p. 103.

⑦ Ibid., p. 118.

负责诠释它，提出观点的人有义务通过该观点服务于他所研究的对象和提出的理论，当然很大程度上是主观的解释。鉴于多种原因，比如涉及人格诉诸（表达方式的创造和使用）和情感诉诸（接受和理解），语言是需要基本的契合的。所有新概念都需要一个名称，或者只有在特定的名称里才能慢慢形成。新名称可以创造出新词义，也可以根据专家的名字，拉丁语和希腊语的词素用恰当的方式创造出一个新术语。莫理罗指出命名也常常借用修辞格的名称："大部分科学术语都有一个形象化的来源"，比如说"微粒、粒子、磁场、波、能源、惯性、极性、亲合性、反射、细胞等。数学术语也是如此，避免不了这个原则，例如：球体、长方体、格子结构、集合论、集合划分、短程线、包络线等"[①]。丰塔尼埃[②]说过，当词语作为单词使用或者通过引申构成比喻时，词语就不再是其本义了。词语其实是说给受话者的，而受话者被认为是可以理解这些词语的，这也是亚里士多德谈到过的教学的必要性，但是无论概念在系统里占有何种明确的位置，词语仍然是开放性的，词语首先保证了人格和情感的和谐。莫理罗说过，词语充当旧识和新知中继站的角色，它连接着知情的说话者和不知情的受话者。其次，就像超现实主义隐喻那样，词语还能够带来新的问题、新的视角，实际上就是创造意义："如果数学家像艺术家那样不断地增加形式，那么并不是为了排除意义，而是为了不断地收集它，将其压缩、分散、重新赋予其具体含义，使之再生。"[③] 与说话者的任务相对，受话者也有其任务："认知就是一项任务，即在内容和形式之间建立联系，也就是创造意义。"[④] 隐喻本身就扮演着基础性的角色，朱迪特·施朗格在《智力的创造》中就很好地展示了这一点，隐喻仅是一个特例。意义的传播是与形象性相关的，这带来了新难题，提出了新问题，如果辞格具有启发性的作用，那么一定是因为其本身不会限制意义（我们更多使用纳蒂埃所称呼的"含义"[⑤]）："文化语境很大程度上是由辞格所构建，它同时传递概念及语言强度中虚构式的叙述。因而，思想或思考者都会触及语言这个领域，语言时而表达的是一种观点，时而是睿智的思想，时而是杂

① « Métaphore, modèles et analogies dans les sciences », *op. cit.*, p. 86.

② Ibid., p. 41.

③ Hourya Sinaceur, « Formes et concepts », *op. cit.*, p. 110.

④ Ibid., p. 119.

⑤ Ibid., p. 19.

乱无章的思考，即使不是在由其所构成的领域，它始终是一个（素材的）提供者。"[①]

在科学论述以及其他不仅追求真实同时也追求类似真实、有效性及无效性的论述中，如政治或司法演说中，形象性至少要保证建立起人格及情感之间的关系，保证受话者接受说话者所传递给他的观点的变化。的确，科学论述会带来观点的变化，这种变化是建立在假设及合理论证的基础之上的，这种依存是因为明显形式的出现而存在的，明显形式可以是暂时性的。然而《论论辩》中提出，须反对“在理性及科学领域广泛传播的幻想，即现象可以自己说话，并在人类的思想中留下不可磨灭的印记，不论这些现象的结构如何，都强迫人类思想接受它”[②]。现象永远不可能自己说话，只有在论证中，逻辑和形象性的功能才会增强，从而让现象自己说话，但首先要对其进行构建：这是一个涉及程度、而非本质的问题。佩尔雷曼认为辞格“能够成为典型的结构”[③]，但辞格的矛盾性在于这种结构很快便被当作是“节日盛装”束之高阁：因其作用在新情况下会变得再普通不过。这一现象已经得到注意，它同时也说明了本义和转义的不稳定性，只有在上下文中才能得以确定，并且会始终处在不停变化之中。这种不稳定性取决于多种因素，如演讲的活力，取决于情感不断的变化，还取决于说话者在现实语境中获得的新观点。某种程度上，当协议达成、双方的距离（至少暂时地）缩短或问题似乎已经解决时，辞格便会消失。

个体之间距离的协商就是修辞学，在这种协商中辞格发挥着重要作用，比如《论论辩》中所说的“同化辞格”。这类情况包括：引喻，假设出共同的所指对象，并由此建立一种同谋关系；顿呼，直接将另一方带入对话；让步，通过它人们假装同意对方的某一点……同样还有那些缓和语气的辞格，如曲言法、婉转法、缄默加强法，这些辞格作用在量的层面，从而塑造一个能够使受话者安心的说话者的人格形象：这些辞格“给人以稳重、真诚的有利印象，促使人们转变论辩就是玩弄手段与技巧的想法”[④]。反之，这些辞格能在指责某人的时候尽量小化其论据的力度。

事实上，人们有时反而想要强调立场间的差距，指出其中一个与另一

① Judith Schlanger, *L' Invention intellectuelle*, *op. cit.*, p. 252.

② *Traité de l' argumentation*, *op. cit.*, p. 23.

③ Ibid., p. 229.

④ Ibid., p. 103.

个合理的观点是多么的相悖，以至于它根本不可能与另一个趋同。比如在反语中，通过滑稽的笑料来降低某人威信的手法是很有用的。反语包含多个要素，除了理性之外，还有讽刺者、被讽刺者或者说目标，以及同谋。在人格与情感时而协调、时而矛盾的较量中，当目标是外部某个人时，受话者可以是同谋，他们的观点是相近的。相反，受话者也可能是目标，这时说话者可以寻求在场的听众或者读者的支持来对抗自己的对手。当对话仅限于两个人时，在目标明白了自己是被讽刺的对象时，他也可能成为同谋，尽管是迫不得已的。直接的抨击是另一种论战的形式，它借助句法构造的形式，命令、迫切的提问、急收法，即打断别人……更为微妙的是倒置，它是一方“出于自己利益，同时采用对方的数据和原则（即使声称对这些并不赞同）［……］以便得出新的结论，这些结论基于对方的理论却对对方不利，对自己有利”①。

在政治和诉讼演说中，论辩和其所讨论的问题一样是很明显的，即使存在一些被掩盖的问题，某些演说和文学作品是不会涉及存在争论的特殊问题的。典礼演说（褒贬法），用于称赞或谴责。文学常被归于这一类，严格来说文学并无此功能，但文学却是以“美”为目标的。亚里士多德认为，诉讼演说追求公正、审议（政治演说也属于这一范畴）、实用性，而典礼演说追求的是美，尤其是“道德之美”。从道德之美很容易就可以过渡到支撑它的美学上的美。对于狭义的典礼演说，或者文学来说，听众和读者所要做的就是要么鼓掌要么喝倒彩，要么继续读要么合上书。这里既不涉及减少距离的问题，也不涉及声援的问题，因此典礼演说似乎脱离了论辩的范畴。然而正如《论论辩》一书所指出的，这种演说至少有一种教育功能，能提升或增强一些价值观念。辞格在形式和美学方面增强了这一功能。波德莱尔写《信天翁》的目的是宣扬诗人是人群中的流放者，他围绕着鸟儿和诗人使用了一系列的对比和隐喻来支撑其论证，这些手法的美学功能结合了韵律和多种节奏，其自身固然十分重要，而这种功能有助于赋予鸟儿意义和感召力，这些是论证所需要的。诚然这首诗遵守了诗歌的传统，但这种传统不是完全地为艺术而艺术，它是建立在一种论证模式基础之上的，这种论证模式同样存在于司法演说和议政演说之中。一般来

① Marc Angenot, *La Parole pamphlétaire. Typologie des discours modernes* (1982), Paris, Payot, 1995, p. 215.

说，文学从广义上是论证的，因为理性从根本上讲是如此，理性是叩问的载体，是辩论的基石。

应该把探讨已久的两种功能，象征功能和叩问功能置于言语行为之中。借助象征功能，符号与现实相比自由度更大了：因而理性成了说话者和现实世界之间的媒介，理性为现实世界提供了表象。在表象中，承载着形象化使命的辞格是根本的，因为它在意义的不断传递之中揭示或创建了新的联系。意义是在根本性问题和要讨论的问题基础上建立的，无论这些问题是关于情境的、说话者的抑或是受话者的。辞格的矛盾在于，它首先是理性的独立性中最显著的标志，在进行推论之前就把注意力吸引到理性上，这些推论把修辞格同语境和一些外部问题结合起来。语言的作用就受到了质疑，语言在原则上是任意性的，但语言又与语言外范畴相连，即使有时以所谓的修辞问题的形式出现，实则是肯定的描述；然而在原则上，它会就问题而提问，直到本义被暂时接受。在一连串开放式的问答中，辞格扮演了重要的角色，辞格没有严格的定义，是建立在一些普通的结构之上的；某些共同的特征和某些机制的运用使得这些普通结构的潜在形象性得以表现出来。辞格本身就构成了问题，因而辞格在一连串会促使人们相信问题已解决的解释项和推论的构建中是关键的一步——有时甚至是第一位的。

人名对照表

Angenot, Marc　马克·昂热诺

Aristote　亚里士多德

Auroux, Sylvain　西尔万·奥户

Authier－revuz, Jacqueline　雅克琳娜·奥迪埃—瑞韦兹

Barthes, Roland　罗兰·巴特

Battaglia, Anna　安娜·巴塔利亚

Batteux, Abbé charles　查尔斯·巴托神父

Benveniste, émile　埃米尔·本维尼斯特

Black, Max　马克斯·布莱克

Bonhomme, Marc　马克·伯挠姆

Bonnet, Clairelise　克莱尔利兹·博耐

Bouhours, Dominique　多米尼克·伯阿沃斯

Brooke－rose, Christine　克里斯蒂娜·布鲁克·罗斯

Camelin, Colette　柯莱特·加密林

Caramelli, Nicoletta　妮可蕾塔·卡哈美里

Carrilho, Manuel maria　曼努埃尔·玛丽亚－卡里略

Charbonnel, Nanine　纳尼娜·沙尔保奈勒

Cicéron　西塞罗

Cohen, Jean　让·高昂

Compagnon, Antoine　安托万·贡巴尼翁

Cornilliat, François　弗朗索瓦·科尔尼亚

Creissels, Denis 丹尼斯・凯赛尔
Culioli, Antoine 安托万・居里奥利
Curtius, Ernst 恩斯特・库尔提乌斯

Damasio, Alonso 阿龙索・达马西奥
Del perugia, Paul 保罗・德尔 佩鲁贾
Desbordes, Françoise 弗朗索瓦兹・德博尔德
Douay - soublin 杜埃 - 苏博兰
Druetta, Roggero 胡热厚・德鲁埃塔
Dubois, Jacques 雅克・杜布瓦
Dumarsais, César chesneau 塞斯诺・杜马塞
Dupriez, Bernard 贝尔纳・迪普里耶
Dürrenmatt, Jacques 雅克・迪伦马特

Edeline, Francis 弗朗西斯・艾德琳

Fauconnier, Gilles 吉尔斯・福康涅
Fontanier, Pierre 皮埃尔・丰塔尼埃
Fouquelin, Antoine 安东尼・福克兰

Gardes tamine, Joëlle 若艾尔・嘉德・达米尼
Gardin, Jean - claude 让・克劳德・卡丹
Gibbs, Raymond 雷蒙・吉布斯
Gosselin, Laurent 洛朗・戈瑟林
Goyet, Francis 弗兰西斯・高耶
Granger, Gilles - gaston 吉尔斯 - 加斯顿・格兰杰
Gross, Maurice 莫里斯・格罗斯
Guyaux, André 安德烈・顾佑

Hallyn, fernand 费尔南多・阿兰
Hazaël - massieux, Marie - christine 玛丽 - 克里斯汀・阿萨埃勒・马旭
Henry - lorcerie, Françoise 弗朗索瓦兹・亨利・劳尔斯瑞

Herrnstein smith, Barbara 巴巴拉・海伦斯坦・史密斯
Hesse, Mary 玛丽・海西
Horak, André 安德烈・奥哈克

Itard, Jean 让・伊塔尔

Janet, Pierre 皮埃尔・让内
Jaubert, Anna 安娜・柔佰尔
Johnson, Mark 马克・约翰逊
Julien, François 于连・弗朗索瓦

Klinkenberg, Jean - marie 让 - 玛丽・克林肯伯格

Lafhail - molino, Raphaël 拉斐尔・拉夫埃勒 - 莫理罗
Lakoff, Georges 乔治・莱考夫
Lamy, Bernard 贝纳尔・拉米
Lausberg, Heinrich 海因里奇・劳斯贝格
Le guern, Michel 米歇尔・勒盖尔恩
Leroi - gourhan, André 安德烈・勒鲁瓦 - 古尔汉
Levin, Samuel 塞缪尔・莱文
Litman, Théodore a 狄奥多・利特曼
Lockwood, Richard 理查德・洛克伍德
Longin (pseudo) 朗吉努斯
Lyotard, Jean - françois 让 - 弗朗索瓦・里奥塔尔

Malson, Lucien 吕西安・马尔松
Marchal, Bertrand 波特兰・马尔沙勒
Marmontel, Jean - françois 让 - 弗朗索瓦・马尔蒙泰
Marque - pucheu, Christiane 克里斯蒂娜・马尔科 - 普摄
Mathiot, Jean 让・马迪奥
Meschonnic, Henri 亨利・梅肖尼克
Meyer, Michel 米歇尔・梅耶

Milner, Jean－claude　让·克洛德·米勒内
Minguet, Philippe　菲利普·曼盖
Molinié, Georges　乔治·莫利尼埃
Molino, Jean　让·莫理罗
Moret, André　安德烈·莫雷
Morier, Henri　亨利·莫里耶
Mortara, Garavelli, Bice　比切·摩尔塔拉－加拉韦利

Nadeau, Robert　罗伯特·纳多
Nattiez, Jean－jacques　让－雅可·纳蒂埃
Nietzsche, Friedrich　弗里德里希·尼采
Nora, Pierre　皮埃尔·诺拉

Olbrechts－tyteca, Lucie　露西·奥尔布莱茨－图泰卡

Paissa, Paola　巴傲拉·柏撒
Parrochia, Daniel　丹尼尔·帕罗恰
Parry, Milman　米尔曼·帕里
Pellizza, Marie－antoinette　玛丽－安托瓦内特·佩里扎
Pépin, Jean　让·丕平
Perelman, Chaïm　哈伊姆·佩尔雷曼
Pernot, Laurent　洛朗·贝尔诺
Piaget, Jean　让·皮亚杰
Pierce, Charles　查尔斯·皮尔斯
Pire, François　弗朗索瓦·皮尔
Plantin, Christian　克里斯汀·普朗坦
Prandi, Michele　米歇尔·庞迪

Quintilien　昆提利安

Rabatel, Alain　阿兰·哈巴泰尔
Rapin（père）　神父拉平

Raschini, élisa 艾莉莎·拉斯契尼
Recanati, François 弗朗索瓦·何咖纳迪
Rey - debove, Josette 约赛特·雷-德伯夫
Ricœur, Paul 保罗·利科
Riffaterre, Michaël 米歇尔·里法泰尔
Rivara, René 勒内·里瓦拉
Rougé, Bertrand 伯特兰·胡热
Rousseau, Jean - jacques 让-雅克·卢梭
Ruwet, Nicolas 尼古拉·卢卫

Schlanger, Judith 朱迪特·施朗格
Seguin, Jean - pierre 让·皮埃尔·塞甘
Sinaceur, Hourya 吴瑞阿·丝娜瑟尔
Siouffi gilles 吉尔斯·斯武非
Soublin, Françoise 弗朗索瓦兹·苏博兰
Sperber, Dan 丹·斯波伯
Stcuckard, Agnès 阿涅斯·斯德卡尔德

Tamba, Irène 艾琳·唐拔
Tamine, Joëlle 若艾尔·达米尼
Trinon, Hadelin 阿德林·特侬

Vico, Giambattista 詹巴蒂斯塔·维柯

Wilson, Deirdre 迪尔德丽·威尔森

参考文献

Angenot Marc, 1995 [1982], *La Parole pamphlétaire. Typologie des discours modernes*, Paris, Payot.

Anonyme, 1989, *Rhétorique à Herennius*, *texte établi et traduit par Guy Achard*, *Paris*, Les Belles – Lettres, Collection des universités de France.

Auroux Sylvain, 1998, *La Raison*, *le langage et les normes*, Paris, PUF.

Authier – Revuz Jacqueline, 1995, *Ces mots qui ne vont pas de soi. Boucles réflexives et non – coïncidences du dire*, Paris, Larousse.

Aristote, *La Poétique*, 1980, Texte, traduction, notes par Roselyne Dupont – Roc et Jean Lallot, Paris, Le Seuil.

Aristote, *Rhétorique*, 1991, Introduction de Michel Meyer, traduction de Charles – émile Ruelle, revue par Patricia Vanhermelryck, commentaire de Benoît Timmermans, Paris, Le Livre de poche.

Barthes Roland, 1970, « L'Ancienne rhétorique. Aide – mémoire », *Communications*, n° 16.

Battaglia Anna, Gardes Tamine Joëlle (dir.), 2010, *Synonymie et traduction. Du lexique à la rhétorique*, *Synergies Italie*, n° 6.

Batteux Abbé Charles, 1990, *La leçon de lecture.* Textes de l'Abbé Batteux, choisis et présentés par Sonia Branca – Rosoff, Les Cendres.

Benveniste émile, 2006 [1939], « Nature du signe linguistique », *Problèmes de linguistique générale*, 1, Paris, Gallimard, coll. « Tel ».

Black Max, 1962, *Models and Metaphors. Studies in Language and Philosophy*, Ithaca, Cornell University Press.

Bonhomme Marc, 2005, *Pragmatique des figures du discours*, Paris, Champion.

Bonhomme Marc, Horak André, 2009, « Stratégies rhétorio – pragmatiques de l'euphémisme dans le discours publicitaire », *Synergies Italie*, numéro spécial, *Euphémismes et stratégies d'atténuation du dire*, coordonné par Ruggero Druetta et Paola Paissa.

Bonnet Clairelise, 1980, *l'Enfant et le symbolique. L'accès aux premières structures sémiotiques*, Paris, Vrin.

Bouhours Dominique, *Entretiens d'Ariste et d'Eugène*, 1920 [1671], introduction et notes de René Radouant, Paris, Bossard.

Brooke – Rose Christine, 1958, *A grammar of Metaphor*, London, Secker & Warburg.

Camelin Colette, Gardes Tamine, Joëlle, 2002, *La « Rhétorique profonde » de Saint – John Perse*, Paris, Champion.

Caramelli, Nicoletta, 1993, « Is Metaphor Language Dependant », *Archives de psychologie*, 61.

Charbonnel, Nanine, 1991, *la Tache aveugle, tome. Les Aventures de la métaphore, tome. L'important, c'est d'être propre*, Strasbourg, Presses Universitaires de Strasbourg.

Cohen, Jean, 1966, *Structure du langage poétique*, Paris, Flammarion.

Compagnon, Antoine, 1999, « La réhabilitation de la rhétorique au XXe siècle », dans Marc Fumaroli (dir). *Histoire de la rhétorique dans l'Europe moderne*, 1450 – 1950, Paris, PUF.

Creissels, Denis, 1995, *éléments de syntaxe générale*, Paris, PUF.

Culioli, *Pour une linguistique de l'énonciation*, t. Ⅱ, *Formalisations et opérations de repérage*, Gap / Paris, Ophrys, 1999.

Curtius, Ernst, 1956 [1948], *La Littérature européenne et le Moyen Âge latin*, Paris, PUF.

Damasio Alonso, 2001 [1994], *L'Erreur de Descartes*, Paris, Odile Jacob.

Desbordes Françoise, 1983, « Le schéma "addition, soustraction, mutation, métathèse" dans les textes anciens », *L'Ellipse grammaticale: études épistémologiques et historiques*, *Histoire épistémologie Langage* Ⅴ – 1.

Desbordes Françoise, 1986, « L'énonciation dans la rhétorique antique: les "figures de pensée" », *Histoire des conceptions de l'énonciation*, *Histoire épistémologie Langage* VIII – 2.

Douay – Soublin Françoise, 1999, « La rhétorique en France au XIXe siècle à travers ses pratiques et ses institutions: restauration, renaissance, remise en cause » dans *Histoire de la rhétorique dans l' Europe moderne*, 1450 – 1950, Marc Fumaroli (dir.), Paris, PUF.

Douay – Soublin Françoise, 1994, « Les figures de rhétorique: actualité, reconstruction, remploi », *Langue Française*, n° 101, *Les figures de rhétorique et leur actualité en linguistique.*

Del Perugia Paul, 1978, *Les Derniers Rois mages. Chez les Tutsis du Ruanda: chronique d' un royaume oublié*, Paris, Phébus.

Druetta Roggero, Paissa Paola (dir.), 2009, *Euphémismes et stratégies d' atténuation du dire*, *Synergies Italie*, numéro spécial.

Dubois Jacques, édeline Francis, Klinkenberg Jean – Marie, Minguet Philippe, Pire François, Trinon Hadelin, 1970, *Rhétorique générale*, Paris, Larousse.

Dubois Jacques, édeline Francis, Klinkenberg Jean – Marie, Minguet Philippe, Pire François, Trinon Hadelin, 1977, *Rhétorique de la poésie*, Bruxelles, Complexe.

Dumarsais, *Les Véritables Principes de la grammaire* (1729 – 1756), 1987, textes rassemblés par Françoise Douay – Soublin, « Corpus des Œuvres de phil osophie en langue Française », Paris, Arthème Fayard.

Dumarsais, 1988 [1730], *Des Tropes ou des différents sens*, Présentation, notes et traduction: Françoise Douay – Soublin, Paris, Flammarion.

Dumarsais, 1807, *Logique et principes de grammaire*, t. I, Moutardier.

èthos et pathos. Le statut du sujet rhétorique, Actes du colloque international de Saint – Denis (19 au 21 juin 1997), réunis et présentés par François Cornilliat et Richard Lockwood, Paris, Champion, 2000.

Dupriez Bernard, 1984, *Gradus. Les procédés littéraires* (Dictionnaire), Paris, 10 – 18.

Dürrenmatt Jacques, 2002, *La Métaphore*, Paris, Champion.

Fauconnier Gilles, 1984, *Espaces mentaux. Aspects de la construction du sens dans les langues naturelles*, Paris, Minuit.

Fontanier Pierre, 1977 [1830], *Les Figures du discours*, introduction par Gérard Genette, Paris, Flammarion.

Fouquelin Antoine, 1990, *La Rhétorique Française* (1555) dans *Traités de poétique et de rhétorique de la Renaissance*, introduction, notice et notes de Francis Goyet, Paris, Le Livre de poche.

Gardes Tamine Joëlle et Pellizza, Marie - Antoinette, 2002, « Pour une définition restreinte de l'allégorie », dans Joëlle Gardes Tamine (dir.), *L'allégorie corps et ame. Entre personnification et double sens*, Publications de l'Université de Provence.

Gardes Tamine Joëlle, 2003, « Phrase, proposition, énoncé, etc. Pour une nouvelle terminologie », *L'Information grammaticale*, n° 98.

Gardes Tamine Joëlle, 2003, « Métaphore, analogie et syntaxe », dans *Regards croisés sur l'analogie*, sous la direction de Karine Duvignau, Olivier Gasquet, Bruno Gaume, *Revue d'intelligence artificielle*, Vol. XVII, n°5 - 6.

Gardes Tamine Joëlle, 2004, *Pour une grammaire de l'écrit*, Paris, Belin.

Gardes Tamine Joëlle, 2006, « La périphrase chez Saint - John Perse », *Styles, Genres, Auteurs*, 6, Van Dung Le Flanchec et Claire Stolz (dir.), Paris, PUPS.

Gardes Tamine Joëlle, 2007, « Normes ou canons dans la description grammaticale », dans *Aspects normatifs du discours linguistique*, Gilles Siouffi et Agnès Steuckardt (dir.), Berne, Peter Lang.

Gardes Tamine Joëlle, 2007, « De la démocratie en Amérique de Tocqueville: l'ironie triste d'un moraliste », dans Joëlle Gardes Tamine, Christine Marcandier, Vincent Vivès (dir.), *Ironies entre dualité et duplicité*, Publications de l'université de Provence.

Gardes Tamine Joëlle, 2009, « De la microgrammaire au style: la post - position du sujet » dans Agnès Fontvieille - Cordani et Stéphanie Thonnerieux (dir.), *L'Ordre des mots à la lecture des textes*, Lyon, Presses Universitaires de Lyon.

Gardes Tamine Joëlle, 2010 [1992], *La Stylistique*, Paris, Armand Colin, coll. « cursus ».

Gardes Tamine Joëlle, 2011, *Au cœur du langage. La métaphore*, Paris, Champion.

Gardin Jean – Claude, 1987, « Vers une épistémologie pratique en sciences humaines », *in* Jean – Claude Gardin (dir.), *La Logique du plausible*, Paris, MSH.

Gibbs Raymond and Steen Gerard, (eds.), 1999, *Metaphor in Cognitive Linguistics*, Amsterdam/Philadelphia, John Benjamins.

Gosselin Laurent, 1996, *Sémantique de la temporalité en Français. Un modèlecalculatoire et cognitif du temps et de l' aspect*, Louvain – la – Neuve, Duculot.

Goyet Francis, 2007, « Raison et sublime chez Boileau », dans *La Littérature et le Sublime*, sous la direction de Patrick Marot, Toulouse, Presses Universitaires du Mirail.

Granger Gilles – Gaston, 1979, *Langage et épistémologie*, Paris, Klincksieck.

Granger Gaston – Gilles, 1988 [1968], *Essai d' une pholosophie du style*, Paris, Odile Jacob.

Gross Maurice, 1975, *Méthodes en syntaxe. Régime des consructions complétives*, Paris, Hermann.

Guyaux André, 1985, *Poétique du fragment. Essai sur les Illuminations de Rimbaud*, Neuchatel, La Baconnière.

Hallyn Fernand, 2000, « "Mon enfant, ma soeur": figures de l' èthos baudelairien », dans François Cornilliat et Richard Lockwood (dir.), *èthos et pathos. Le statut du sujet rthétorique.* Actes du colloque international de Saint – Denis (19 au 21 juin 1997), Paris, Champion.

Hazaël – Massieux Marie – Christine, 1994, « De la période à la phrase ou de l' oralité à l' éciture: quelques remarques sur la structure de l' unité de communication », in *Mémoires de la Société de linguistique de Paris*, nouvelle série, t. II, Paris, Klincksieck.

Henry – Lorcerie Françoise, 1988, « Rationalité juridique et grammaire classique », *Droit et Société*, n°10.

Herrnstein Smith Barbara, 1968, *Poetic Closure. A study of how Poems End*, The University of Chicago Press.

Hesse Mary, 1970, *Models and Analogies in Science*, University of Notre – Dame Press.

Janet Pierre, 1935, *Les Débuts de l' intelligence*, Paris, Flammarion.

Jaubert Anna, 2008, « Dire et plus ou moins dire. Analyse pragmatique de l' euphémisme et de la litote », *Langue Française*, n°160, *Figures et point de vue.*

Johnson Mark & Lakoff Georges, 1985 [1980], *Les Métaphores de la vie quotidienne*, Paris, Minuit.

Julien François, 1995, *Le Détour et l' accès. Stratégies du sens en Chine, en Grèce*, Le Livre de poche.

Klinkenberg Jean – Marie, 2000, *Précis de sémiotique générale*, Le Seuil, coll. « Points ».

Lamy Bernard, 1998 [1675], *La Rhétorique ou l' Art de parler*, édition critique avec introduction et notes de Christine Noille – Clauzade, Champion.

Landheer Ronald (dir.), 1994, *Langue Française*, n° 101, *Les Figures de rhétorique et leur actualité en linguistique*, février 1994.

Lausberg, Heinrich, 1949, *Elemente der literarischen Rhetorik*, München, Max Hueber Verlag.

Le Guern Michel, 1973, *Sémantique de la métaphore et de la comparaison*, Paris, Larousse.

Leroi – Gourhan André, 1982, *Les Racines du monde*, Paris, Belfond.

Levin Samuel, 1962, *Linguistic Structures in Poetry*, La Haye, Mouton.

Litman Théodore A., 1971, *Le Sublime en France* (1660 – 1714), Paris, Nizet.

Longin (Pseudo), 1993, *Du sublime*, traduction, présentation et notes de Jackie Pigeaud, Rivages poche.

Lyotard Jean – François, 1971, *Discours, figure*, Paris, Klincksieck.

Malson Lucien, 1964, *Les Enfants sauvages*, Paris, UGE, « 10 – 18 ».

Marchal Bertrand, 1988, *La Religion de Mallarmé*, Paris, José Corti.

Marmontel Jean – François, 2005 [1787], *Eléments de littérature*, Paris, Desjonquères.

Marque – Pucheu Christiane, 2001, « Les locutions prépositives: du spatial au non – spatial », *Langue Française*, n°129, *Les Figures entre langue et dis-*

cours, Ch. Marque – Pucheu (dir.).

Mathiot Jean, 1995, « Rmarques sur l'hypothèse de rationalité en économie politique », dans Joëlle Proust et élisabeth Schwart (dir.), *La Connaissance philosophique. Essais sur l'oeuvre de Gilles – Gaston Granger*, Paris, PUF.

Meschonnic Henri, 1977, *Pour la poétique* Ⅳ. *écrire Hugo*, Paris, Gallimard.

Meyer Michel, 1991, *Le Philosophe et les Passions*, Le Livre de poche.

Meyer Michel, 1990, « Conclusion: y a – t – il un fondement possible à l'unité de la rhétorique? », dans Meyer Michel et Alain Lempereur (dir.), *Figures et conflits rhétoriques*, Editions de l'Université de Bruxelles.

Meyer Michel (dir.), 1999, *Histoire de la rhétorique. Des Grecs à nos jours*, Le Livre de poche.

Meyer Michel, 2008, *Principia Rhetorica. Une théorie générale de l'argumentation*, Fayard.

Meyer Michel, 2010, « Pour une théorie générale des figures », *Le groupe μ entre rhétorique et sémiotique*, *Protée*, Vol. 38, n° 1.

Milner Jean – Claude, 1973, *Arguments linguistiques*, Paris, Mame.

Molinié Georges, 1992, *Dictionnaire de rhétorique*, Paris, Le Livre de poche.

Molinié Georges, 2005, *Hermès mutilé. Vers une herméneutique matérielle. Essai de philosophie du langage*, Paris, Champion.

Molino Jean, 1975, « Fait musical et sémiologie de la musique », *Musique en jeu*, n°17, Paris, Le Seuil.

Molino Jean, 1979, « Métaphores, modèles et analogies dans les sciences », *Langages*, n°54, *La Métaphore*.

Molino Jean, Soublin F., Tamine J., 1979, « Problèmes de la métaphore », *Langages*, n°54, *La Métaphore*.

Molino Jean, 1985, « Per una semiologia come teoria delle forme simboliche », *Materiali filosofici* 15, Milan.

Molino Jean, Gardes Tamine Joëlle, 1992 [1982], *Introduction à l'analyse de la poésie*, t. Ⅰ, *Vers et figures*, PUF.

Molino Jean, Lafhail – Molino Raphaël, 2003, *Homo fabulator. Théorie et analyse du récit*, Montréal/Arles, Leméac/Actes Sud.

Moret André, 1936, *Le Lyrisme baroque en Allemagne*, Lille, Bibliothèque universitaire.

Morier Henri, 1981 [1961] *Dictionnaire de poétique et de rhétorique*, Paris, PUF.

Mortara Garavelli Bice, 2008, *Manuale di Retorica*, Tascabili Bompiani.

Nadeau Robert, 1999, *Vocabulaire technique et analytique de l' épistémologie*, Paris, PUF.

Nattiez Jean – Jacques, 1987, *Musicologie générale et sémiologie*, Paris, Christian Bourgois.

Nora Pierre (dir.), 1997, *Les Lieux de mémoire*, trois volumes, Paris, Gallimard, coll. « Quarto ».

Parrochia Daniel, 2004, « L' architecture des mathématiques et la notion de corps », dans Christian Salomon (dir.), *Les Métaphores du corps*, Paris, L' Harmattan.

Parry Milman, 1928, *L' épithète traditionnelle chez Homère*, Paris, Les Belles – Lettres.

Pépin Jean, 1976, *Mythe et allégorie. Les origines grecques et les contestations judéo – chrétiennes*, études augustiniennes.

Perelman Chaïm, Olbrechts – Tyteca Lucie, 1976 [1970], *Traité de l' argumentation. La nouvelle rhétorique*, Bruxelles, éditions de l' Université de Bruxelles.

Pernot Laurent, 2000, *La Rhétorique dans l' Antiquité*, Paris, Le Livre de poche.

Piaget Jean, 1976 [1923], *Le Langage et la pensée chez l' enfant*, Neuchatel/ Paris, Delachaux et Niestlé.

Pierce Charles S., 1978, *écrits sur le signe*, rassemblés, traduits et commentés par Gérard Deledalle, Le Seuil.

Plantin Christian, 2009, « Un lieu pour les figures dans la théorie de l' argumentation », *Argumentation et analyse du dsicours*, revue électronique du groupe ADARR, n°2, *Rhétorique et argumentation.*

Prandi Michele, 1992, *Grammaire philosophique des tropes. Mise en forme linguistique et interprétation discursive des conflits conceptuels*, Paris, Minuit.

Prandi Michele, 2003, « L'analogie entre catégorisation et expression », dans *Regards croisés sur l'analogie*, sous la direction de Karine Duvignau, Olivier Gasquet, Bruno Gaume, *Revue d'intelligence artificielle*, Vol. XVII, n° 5 - 6.

Prandi Michele, Raschini Elisa, 2009, « La similitudine tra le forme di attenuazione dell'interazione concettuale », *Synergies Italie*, *Euphémismes et stratégies d'atténuation du dire*, coordonné par Rugegero Druetta et Paola Paissa.

Quintilien, 2003, *Institution Oratoire*, texte établi et traduit par Jean Cousin, Paris, les Belles - Lettres.

Rabatel Alain (dir.), 2008, *Langue Française*, n° 160, *Figures et point de vue.*

Recanati François, 2007 [2004], *Le Sens littéral, langage, contexte, contenu*, trad. de l'anglais par Claude Pichevin et revu par l'auteur, Paris/Tel - Aviv - Jaffa, L'éclat, coll. « Tiré à part. »

Rey - Debove Josette, 1998, *La Linguistique du signe. Une approche sémiotique du langage*, Armand Colin.

Ricœur Paul, 1975, *La Métaphore vive*, Paris, Le Seuil.

Riffaterre Michaël, 1969, « La métaphore filée dans la poésie surréaliste », *langue Française*, n° 3, *la Stylistique.*

Rougé Bertrand, 2006, « Oxymore et contrapposto, Maniérisme et baroque: sur la figure et le mouvement, entre rhétorique et arts visuels », *Études Épistémè*, n° 9.

Sinaceur Hourya, 1995, « Formes et concepts », dans *La Connaissance philosophique. Essais sur l'œuvre de Gilles - Gaston Granger*, textes réunis par Joëlle Proust et élizabeth Schwartz, PUF.

Siouffi Gilles, Steuckard Agnès, « Introduction », dans G. Siouffiet A. Steuckardt (dir.), 2007, *Les Linguistes et la norme. Aspects normatifs du discours juridique*, Berne, Peter Lang.

Rivara René, 1990, *Le Système de la comparaison. Sur la construction du sens dans les langues naturelles*, Minuit.

Ruwet Nicolas, 1975, « Synecdoque et métonymies », *Poétique* n° 23.

Ruwet Nicolas, 1982, *Grammaire des insultes et autres études*, Paris, Le Seuil.

Schlanger Judith, *l' Invention intellectuelle*, Paris, Fayard, 1983.

Seguin Jean – Pierre, 1993, *l' Invention de la phrase au* XVIIIe *siècle*, Louvain/Paris, Peeters.

Soublin Françoise, 1983, « Ellipse et attraction chez Dumarsais », *Histoire Épistémologie Langage*, Vol. V, n° 1.

Sperber Dan et Wilson, Deirdre, 1989, *La Pertinence. Communication et cognition*, Minuit.

Tamba Irène, 1981, *Le Sens figuré*, Paris, PUF.

Tamine Joëlle, 1979, « Métaphore et syntaxe », *Langages*, n° 54, *La Métaphore*.

Tamine Joëlle, 1985, « Sur l' *Albatros* de Charles Baudelaire », *Feuillets*, n° 6 – 7.

Vico Giambattista, 1993 [1725], *La Science nouvelle*, traduit de l' italien par Christina Trivulzio, Paris, Gallimard, coll. « Tel ».